Katja Strube

—

Etwas Besseres als den Staat

Katja Strube

Etwas Besseres als den Staat

Zum Zusammenhang von Erkenntnis und Gesellschaft in der Philosophie Spinozas

Königshausen & Neumann

Bibliografische Information der Deutschen Nationalbibliothek

Die Deutsche Nationalbibliothek verzeichnet diese Publikation in der Deutschen Nationalbibliografie; detaillierte bibliografische Daten sind im Internet über http://dnb.d-nb.de abrufbar.

Gedruckt auf säurefreiem, alterungsbeständigem Papier
Umschlag: skh-softics / coverart
Umschlagabbildung: Notizen von Besucher:innen des Spinozahuis Rijnsburg, Niederlande.
Foto: Katja Strube, Abdruck mit freundlicher Genehmigung des Spinozahuis

Printed in Germany

ISBN 978-3-8260-8484-3
eISBN 978-3-8260-8485-0

www.koenigshausen-neumann.de
www.ebook.de
www.buchhandel.de
www.buchkatalog.de

Inhalt

0.
Vorwort

„Des weiteren muß man eine Gesellschaft [*societas*] bilden, die so beschaffen sein sollte, daß möglichst viele Menschen so leicht und sicher, wie es geht, dahin [zur Erkenntnis] gelangen“ (TIE 14). Seit Baruch de Spinoza dies in seiner *Abhandlung über die Verbesserung des Verstandes* (Tractatus de Intellectus Emendatione, TIE) in den Niederlanden des 17. Jahrunderts niederschrieb, sind zwar nahezu vier Jahrhunderte vergangen, doch die Frage, wie eine menschliche Gesellschaft eingerichtet sein müsste, in der die Einzelnen glücklich leben und sich der Erkenntnis widmen können, ist weiterhin nicht beantwortet. Die Situation stellte sich um das Jahr 2000 herum, als die hier erstmals veröffentlichte Untersuchung entstand, noch etwas anders dar: Der Zusammenbruch des Staatssozialismus lag erst wenige Jahre zurück und alternative, emanzipatorische Gesellschaftskonzepte schienen noch nicht gar so in weite Ferne gerückt wie durch die Entwicklung der in den folgenden zwei Jahrzehnten vormarschierenden autoritären, islamistischen und wieder aufkommenden faschistischen Staatsformen. Nirgendwo in der Welt finden sich praktische progressive Ansätze, über die bestehende Form des Nationalstaats hinauszugehen.

Gründe, darüber nachzudenken, wie sich eine bessere Form des Zusammenlebens als die gegebene denken ließe, gab es für Spinoza viele. Zeit seines Lebens war der Nachkomme von vor der Inquisition aus Portugal in die Niederlande geflüchteten Juden einer Vielzahl von Anfeindungen ausgesetzt – nicht nur denen einer christlich-antisemitischen Mehrheitsgesellschaft, sondern auch von der jüdischen Gemeinde wurde er ausgeschlossen, seine Schriften bekämpft. Den eigenen Erkenntnisurteilen eher als den niedergeschriebenen Glaubenslehren zu vertrauen, kostete ihn viele soziale Kontakte. Nachvollziehbar und auch heute noch aktuell erscheint es daher, dass er in seinem 1670 zunächst anonym veröffentlichten *Theologisch-Politischen Traktat* (Tractatus Theologico-Politicus, TTP) dafür plädierte, dass der Staat sich vor allem aus dem, was in den Köpfen der Einzelnen vorging, herauszuhalten habe. Einen Staat, der *in animos est* (Op. I, S. 601), der sich also auf das Denken seiner Einwohner:innen ausdehnt, lehnte er als Gewaltherrschaft ab. Auch heute noch könnte in den meisten Ländern eine Staatsferne der Religion der erste Schritt zu einer emanzipatorischen Entwicklung sein. Zu einem wie von Karl Marx im *Kapital* angedachten „Verein freier Menschen“ (1962, S. 92) scheint es hingegen überall noch ein sehr weiter Weg zu sein.

Es lässt sich, davon bin ich überzeugt, noch eine Menge aus der von Spinoza vorgelegten Philosophie und seinen Gedanken zu der von ihm als jenseits des Staates verorteten vernünftig eingerichteten Gesellschaft lernen. Ich danke dem Verlag Königshausen & Neumann, dass er mir die Möglichkeit dazu gibt, die Überlegungen in dieser Untersuchung einem breiteren Publikum zugänglich zu machen. Mein Dank gilt auch dem Betreuer meiner Arbeit an der Universität Hamburg, Wolfgang Bartuschat (1938–2022), der meinen Schreibprozess wertschätzend und ermutigend begleitete. Gleichfalls danke ich den ehrenamtlichen Betreiber:innen des Spinozahuis im niederländischen Rijnsburg für die erhellenden Einsichten in Spinozas Wohnhaus sowie die freundliche Genehmigung, das dort aufgenommene Foto für den Buchtitel zu verwenden. Zudem danke ich den Freund:innen, die bereits vor über zwanzig Jahren Thesen dieser Untersuchung mit mir diskutiert und einzelne Kapitel durchgesehen haben oder mir bei der Bearbeitung für die Veröffentlichung zur Seite standen – Christine Achinger, Benjamin Balint, Antje Flemming, Jochen Fix, Achim Hurrelmann,

Kistenmacher, Karina Korecky, Regina Mühlhäuser, Stefan Müller und Kathrin Thomsen. Auf bessere Zeiten!

Hamburg, im Frühjahr 2024 Katja Strube

1.
Einleitung

> Die fast unlösbare Aufgabe besteht darin,
> weder von der Macht der anderen,
> noch von der eigenen Ohnmacht
> sich dumm machen zu lassen.
> Theodor W. Adorno

Der Frage, auf welche Weise menschliches Glück möglich ist, kommt in jedem einzelnen Werk Baruch de Spinozas eine zentrale Position zu.[1] In der *Abhandlung über die Verbesserung des Verstandes* (Tractatus de Intellectus Emendatione, TIE) formuliert er sie ausgehend von dem Zweifel daran, dass „das höchste Glück [...] in [...] Reichtum, Ehre und Genußsucht" liegen könne: Diese Ziele, die „unter den Menschen als sozusagen höchstes Gut eingeschätzt" werden, taugen Spinoza zufolge nicht dazu, wahres Glück zu bewirken, folge doch auf Genuss „eine höchste Trauer", und auch Reichtum und Ehre bewirkten eine „größte Trauer", wenn sie die mit

1 In der *Kurzen Abhandlung von Gott, dem Menschen und dessen Glück* (Korte Verhandeling von God, de Mensch en des zelfs Welstant, KV) leitet schon der Titel zu dieser Frage nach dem Glück hin; die *Ethik* (Eth.) endet mit einem Lehrsatz, in dem „Glückseligkeit" (*beatitudo*) definiert wird (Eth. V, prop. 42), und die Suche nach Glück ist auch Ausgangsbasis des *Theologisch-Politischen Traktats* (Tractatus Theologico-Politicus, TTP) Spinozas (vgl. TTP, Vorrede, S. 3). Den zu Spinozas Lebzeiten unveröffentlicht gebliebenen *Politischen Traktat* (Tractatus Politicus, TP) verstehe ich als Ausdruck der Suche nach relativem Glück, nach einträchtigem Leben (*viva concorditer*). Die Ausgangsfrage der *Abhandlung über die Verbesserung des Verstandes* (TIE) ist, welches das höchste vom Menschen anzustrebende Glück (*felicitas*) sein kann (TIE 2).

ihnen verbundene Erwartung enttäuschen (TIE 2–5). Häufig führe das Streben nach diesen Zielen zu Verfolgung und Tod (TIE 8). Die Ursache dafür sieht Spinoza in dem Streit, der um Dinge entsteht, die nur ein Mensch besitzen kann und andere zwangsläufig nicht. Spinoza führt solche Übel auf die „Beschaffenheit des Gegenstandes, dem wir unsere Liebe hingeben", zurück (TIE 9), und sucht dementsprechend nach einem anderen Gegenstand, dem Menschen ihre Liebe hingeben können, ohne dass davon ein Übel ausgeht – was letztendlich, wie er später in der *Ethik* verdeutlicht, ein Gegenstand ist, an dem alle gleichzeitig teilhaben können. Er kommt zu dem Schluss, dass einen solchen Gegenstand zu lieben bedeutet, eine vollkommene Natur zu haben, die in der „Erkenntnis der Einheit" bestehe, „die der Geist mit der Natur im Ganzen in sich enthält" (TIE 13). Daraus folgt für Spinoza in TIE 14 ein doppeltes Programm, das gleichzeitig den Ausgangspunkt für diese Untersuchung bildet:

> Dies ist also das Ziel, nach dem ich trachte, nämlich eine solche Natur zu erlangen, und somit danach zu streben, daß viele andere sie mit mir erlangen. D.h.: zu meinem Glück gehört es auch, mich zu bemühen, daß viele andere dasselbe begreifen wie ich, damit ihr Verstand und ihr Begehren mit meinem Verstand und meinem Begehren gänzlich übereinstimmen. Hierfür muß man die Natur nur in dem Maße begreifen, das ausreichend ist, die genannte {menschliche} Natur zu erlangen; des weiteren muss man eine Gesellschaft [*societas*] bilden, die so beschaffen sein sollte, daß möglichst viele Menschen so leicht und sicher, wie es geht, dahin gelangen. (Ebd.)

Das Glück, das Spinoza anstrebt, liegt demnach in der *Erlangung* einer vollkommenen Natur, die der Mensch also nicht von vornherein besitzt. Sie besteht im Erreichen einer bestimmten Erkenntnis, nämlich der des Bezugs des Geistes zur Natur im Ganzen. Untrennbar mit einer solchen Erkenntnis ist für Spinoza ein Streben verbunden, dafür zu sorgen, dass andere mit ihm zu dieser Erkenntnis gelangen – die direkte Verschränkung dieser beiden Aspekte ist im obigen Zitat durch das Adverb „somit" verdeutlicht. Der Schauplatz menschlicher Interaktion ist die Gesellschaft. Daher folgt in Spinozas Argumentation auf die Formulierung des Ziels, selbst zu Erkenntnis zu gelangen, unmittelbar die Forderung nach Schaffung einer Gesellschaft, in der möglichst viele Menschen so leicht und sicher, wie es geht, zu Erkenntnis gelangen können. Diese Frage nach dem systematischen Zusammenhang von Erkenntnis und Gesellschaft wird von Spinoza im TIE in den darauffolgenden Absätzen allerdings nur angerissen.

Auch in der Forschungsliteratur stand dieses Thema bisher nicht im Fokus der Untersuchungen. Während die Erkenntnistheorie Spinozas, die einen systematischen Ort im zweiten Teil der *Ethik* hat, unumstritten als integraler Bestandteil der Philosophie Spinozas gilt (vgl. zum Beispiel Gueroult 1974, Macherey 1997, Curley 1988, Bennett 1984), wird die politische Philosophie meist separiert von der Diskussion der *Ethik* behandelt (vgl. McShea 1968, Den Uyl 1983).[2] Selbst wenn auf die ontologischen Grundlagen der politischen Theorie eingegangen wird (vgl. Jaspers 1978, Hubbeling 1978), wird das Gebiet der politischen Theorie von dem der Erkenntnistheorie Spinozas getrennt.

Eine Untersuchung, die zwar nicht explizit das Verhältnis der beiden Gebiete untersucht, sich aber in der Thematisierung von Hemmungen und Verstärkungen im Verhältnis von individuellen und kollektiven Leidenschaften sowie des Bezugs der Vernunft auf beide teilweise mit meinem überschneidet, ist die von Alexandre Matheron (1969). Er kommt zu dem Schluss: „Si Spinoza ne le dit pas dans l'*Ethique*, il le dit dans ses deux *Traités*: hors de la société, tout progrès de la Raison est impossible“ (ebd., S. 284). Außerhalb der Gesellschaft sei Spinoza zufolge also jegliche Weiterentwicklung des Verstandes unmöglich. Obwohl Matheron hier die Erkenntnismöglichkeit der Einzelnen in Bezug auf die Gesellschaft

2 Auf dieses Problem weisen auch Moira Gatens and Genevieve Lloyd (1999) hin, allerdings hauptsächlich im Hinblick auf die angloamerikanische Spinoza-Rezeption (ebd., S. 150).

anspricht, geht er in seiner Untersuchung der Gesellschaft insgesamt eher von einer Bestimmung des Menschen aus, die ihn vornehmlich als Körper fasst, wie Wolfgang Bartuschat deutlich gemacht hat (1996). Bartuschat zufolge muss außer der körperlichen vor allem auch die geistige Dimension der politischen Gemeinschaft beachtet werden (ebd.).

Insbesondere Wolfgang Röd (1969) hat den Unterschied zwischen einer zufälligen Verbindung mit anderen sowie geistiger Übereinstimmung anhand der Trennung von Spinozas Staats- und seiner Gesellschaftstheorie herausgestellt, an der ich mich orientieren werde (Röd benutzt allerdings statt „Gesellschaft" den Begriff „Vernunftgemeinschaft"). Während Röd Spinozas Theorie der *societas* hauptsächlich unter dem Gesichtspunkt der Einordnung verschiedener Gesellschaftskonzepte in Spinozas eigene Biographie betrachtet, soll diese Untersuchung systematische Zusammenhänge aufzeigen.

Etienne Balibars Untersuchung über Spinozas Philosophie lässt sich als Interpretation dieser Philosophie im Sinne politisch relevanter Aussagen lesen (1985). Auch wenn Balibars Text nicht explizit von der Gesellschaft, sondern durchgängig vom Staat (*l'etat*) handelt, finden sich bei ihm zentrale Thesen für meine Fragestellung, speziell in seinem fünften Kapitel, das in der englischen Übersetzung enthalten ist (1998), in der französischen Originalausgabe aber nicht. Balibar weist die Trennung in spekulative und politische Theorie zurück und untersucht Spinozas Theorie als Gesamtheit, insbesondere im Hinblick auf die in der gemeinsamen Erkenntnis gelegene Übereinstimmung der Menge.[3] Dement-

3 Er schreibt: „It is difficult to think of such a community [friendship] as anything other than a retreat from political realities. Yet there is no sign of any such retreat in the three great works of Spinoza's maturity, the *TTP*, the *Ethics* and the *TP*. They may differ greatly in content and in style, but they are all three simultaneously works of philosophy *and* political inquiries. [...]. His [Spinozas] work is not divided into metaphysics (or an ontology) on the one hand and a politics or an ethics, which are seen as ‚secondary' applications of ‚first' philosophy, on the

sprechend interpretiert er den TTP und den TP als verschiedene Ausdrucksweisen desselben Strebens nach Erkenntnis, das Spinoza in der *Ethik* herausstellt (vgl. 1985, S. 35ff., S. 64ff., S. 91ff.). Im fünften Kapitel geht seine Untersuchung dahin, dass er Erkenntnis- und politische Prozesse parallel setzt (vgl. 1998, S. 124), woran sich meine Untersuchung anlehnt. Allerdings geht Balibar nicht explizit auf Spinozas Erkenntnistheorie ein, sondern rekurriert lediglich allgemein auf sie.

Eine neuere Interpretation der Philosophie Spinozas liefert Genevieve Lloyd (1994). Sie bezieht seine erkenntnistheoretische Bestimmung des Menschen auf die Frage, wie diese sich in der Verkettung mit seiner Umwelt real äußert. Dabei stellt sie Spinozas Theorie menschlichen Erkennens als über die Trennung von Theorie und Praxis einerseits hinausgehendes Konzept dar, das andererseits, wie das cartesianische Selbst, wiederum problematisch sei, weil es die Rationalität der Welt voraussetze (vgl. ebd., S. 173f.). Eine Fortsetzung dieser Untersuchung im Hinblick auf menschliche Freiheit und deren soziale Dimension findet sich in einer gemeinsamen Untersuchung mit Moira Gatens (Gatens/Lloyd 1999), die insbesondere die Verbindungslinie von Erkenntnis nach der – Spinoza zufolge inadäquaten – Form der Imaginatio zur Bildung von Identitäten innerhalb des Staates zieht.

Anschließend an die genannten Fragestellungen möchte ich in meiner Untersuchung die These vertreten, dass es zwischen der Erkenntnistheorie und der politischen Theorie in der Philosophie Spinozas mehrere Verbindungen gibt: Zum einen gehört Spinoza zufolge offensichtlich zum eigenen Erkennen das Streben danach, dass auch andere zur Erkenntnis gelangen sollen; die Verbindung der Erkenntnis des Einzelnen zu den anderen wird aufzuzeigen sein. Zum anderen stellen sich die Fragen, wie eine in TIE 14 von Spinoza geforderte Gesellschaft (*societas*) auszusehen hätte, welche die

other. From the beginning, his metaphysics is a philosophy of praxis, of activity“ (1998, S. 102).

Erkenntnis von vielen ermöglicht, wie eine solche erreicht werden kann, und in welchem Verhältnis sie zu bestehenden staatlichen Zusammenhängen steht.

Um die Ausgangsfrage zu beantworten, wie Erkenntnis und Gesellschaft in der Philosophie Spinozas zusammenhängen, werde ich vom Zentrum der Philosophie Spinozas, der Ontologie, ausgehen. Dadurch sollen die für die Erkenntnistheorie und die politische Theorie Spinozas relevanten Grundlagen geklärt werden (Kapitel 2). Von da aus werde ich mich auf zweifachem Weg meiner Ausgangsfrage wieder annähern: zunächst mit Bezug auf die Erkenntnistheorie, anhand derer ich die Frage behandeln werde, auf welche Weisen Spinoza zufolge der Mensch erkennen kann und wie eine „Verbesserung des Verstandes", wie er sie im TIE anstrebt, möglich ist (Kapitel 3). Anschließend werde ich die politische Theorie Spinozas auf die Frage hin untersuchen, inwieweit die in ihr gegebenen Konzepte von Staat und Gesellschaft dazu geeignet sind, eine Gesellschaft zu schaffen, in der möglichst viele Menschen zu Erkenntnis gelangen können (Kapitel 4). Dazu soll die Verankerung des Staats in Spinozas Ontologie und Affektenlehre dargestellt werden. Gezeigt werden soll, dass die von Spinoza in TIE 14 gesuchte Gesellschaft (*societas*) als Zusammenschluss in bestimmter Hinsicht auf derselben Grundlage wie der Staat (*imperium* etc.) basiert, in anderer aber über ihn hinausgeht. Sie kann, das soll Kapitel 4 erläutern, nicht ohne Bezug zum Bestehenden, aber auch nicht statisch gedacht werden.

Nach diesen Überlegungen zur Erkenntnistheorie und zur Gesellschaftstheorie werden in Kapitel 5 die beiden bis dahin isoliert behandelten Gebiete anhand der These aufeinander bezogen, dass sich individuelle und kollektive, das heißt sich auch gesellschaftlich äußernde Prozesse auf mehreren Ebenen wechselseitig bedingen: als gegenseitige Beeinflussung von Erkennenden und den sie umgebenden Menschen je nach der erreichten Erkenntnisstufe, von denen es Spinoza zufolge drei gibt, und als Veränderung bestehender

Staaten hin zu einer Gesellschaft (*societas*), welche die Anforderungen von TIE 14 erfüllt. In Kapitel 5 behandele ich daher zwei zentrale Fragen:

1. Welchen Einfluss hat die Erkenntnis der anderen auf die Erkenntnis des Einzelnen? Die genaue Rolle des Strebens in der Erkenntnis ist zu klären und in ihrem doppelten Bezug zu verdeutlichen: erstens als Bewegung des Erkennenden in Richtung auf die anderen mit dem Ziel, sie dazu zu bringen, gleichfalls den Weg der Erkenntnis zu gehen, zweitens als Auswirkung der Erkenntnis beziehungsweise des Verharrens der anderen im Nichterkennen auf den Erkennenden selbst.

2. Wie muss eine Gesellschaft beschaffen sein, in der Erkenntnis möglichst vieler gefördert wird? Zur Beantwortung dieser Frage muss die Erkenntnistheorie Spinozas auf seine politische Theorie bezogen und geklärt werden, inwieweit kollektive Prozesse dazu in der Lage sind, Erkenntnis zu ermöglichen oder voranzutreiben. Des Weiteren muss untersucht werden, inwieweit solche Prozesse in einem Gebilde stattfinden können, das Spinoza als „Staat“ bezeichnet, oder ob dafür eine Weiterentwicklung oder Abschaffung desselben notwendig ist, um die in TIE 14 antizipierte Gesellschaft zu schaffen, in der Erkenntnis aller das Ziel ist.

Dabei vertrete ich die These, dass die von Spinoza avisierte Gesellschaft, in der die Erkenntnis aller angestrebt wird, eine Kritik der bestehenden Verhältnisse impliziert, die nahelegt, Spinoza als Kritiker des Staates zu verstehen, dessen Einwände gegen den Staat in vielerlei Hinsicht auch heute noch Aktualität besitzen. Mein Vorgehen wird sich deshalb an der Frage orientieren, ob sich die in Spinozas Ontologie und Erkenntnistheorie enthaltene Bestimmung des Menschen auch in seiner politischen Theorie wiederfindet. Demzufolge bietet es sich an, Spinoza ausgehend von seiner Ontologie und Erkenntnistheorie zu verstehen, durch die meinem Verständnis zufolge die positive Bestimmung des Menschen und daher auch der Gesellschaft gesetzt wird, und darauf aufbauend die Gesellschaftstheorie zu betrachten, die aufgrund der notwendig werdenden Aufteilung in Staats- und Gesellschaftstheorie in sich teilweise widersprüchlich ist. Geschuldet ist diese Aufteilung Spinozas doppelter Bestimmung des Menschen, welche zu Beginn der Untersuchung herausgestellt wird und die Gegenüberstellung von Staat und Gesellschaft plausibel machen soll. Das Ziel meiner Fragestellung ist, zu klären, ob die Widersprüche in der Philosophie Spinozas, die aus dem Aufeinandertreffen von Gegensätzen resultieren, die den Menschen notwendig bestimmen, in der Verschränkung und Gegenüberstellung von Staat und Gesellschaft produktiv zu machen sind im Sinne eines Konzeptes gesellschaftlicher Veränderung.

Um die Untersuchung anhand von Spinozas Philosophie durchführen zu können, ist es vonnöten, die Gesamtheit seiner verschiedenen Ausführungen zu betrachten: In seinem Hauptwerk, der *Ethik* (Eth.), deduziert er in fünf Teilen aus dem im ersten Teil entwickelten Prinzip eine Ontologie, eine die Erkenntnistheorie umfassende Anthropologie, eine Affektenlehre und eine Tugendlehre, in der er die verschiedenen Bereiche in einen systematischen Zusammenhang stellt. Daneben werden spezielle Fragen der Erkenntnistheorie insbesondere in der kleinen Schrift *Abhandlung über die Verbesserung des Verstandes* (TIE) behandelt. Die politische Theorie Spinozas entnehme ich größtenteils den beiden politischen Schriften, dem vor der *Ethik* verfassten *Theologisch-Politischen Traktat* (TTP) und dem später entstandenen und unvollendet gebliebenen *Politischen Traktat* (TP).[4] Meiner Untersuchung liegt die Sichtweise zugrunde, dass diese Texte als *die* Philosophie Spinozas zu verstehen sind, in der er von Werk zu Werk bestimmte Schwerpunkte setzen mag, die aber insgesamt als Einheit einer Theorie betrachtet werden sollten,

4 Auf Spinozas *Briefwechsel*, die *Lebensbeschreibungen und Dokumente* und die *Kurze Abhandlung von Gott, dem Menschen und dessen Glück* (KV) rekurriere ich nur in Einzelfällen.

welche ihren Kristallisationspunkt in dem in der *Ethik* entwickelten Prinzip hat. Daher werde ich, ausgehend von der *Ethik*, Ausschnitte aller vier Texte aufeinander beziehen und zur gegenseitigen Erklärung zusammentragen.[5]

Zitierweise

Wenn nicht anders angegeben, stammen die Zitate Spinozas aus der Philosophischen Bibliothek Felix Meiner, Hamburg, die zweisprachig von Wolfgang Bartuschat herausgegeben wurde. Wo dies zum Zeitpunkt des Verfassens dieser Untersuchung noch nicht möglich war (TTP), entnehme ich die Originalzitate in lateinischer Sprache den *Opera* (zu den genauen Angaben siehe Bibliographie).

Ich zitiere nach den Siglen

def. = *definitio* (Definition),
expl. = *explicatio* (Erklärung),
prop. = *propositio* (Lehrsatz),
dem. = *demonstratio* (Beweis),
coroll. = *corollarium* (Folgesatz),
schol. = *scholium* (Anmerkung),
ax. = *axioma* (Axiom),
post. = *postulatum* (Postulat),
lem. = *lemma* (Hilfssatz),
aff. def. = *affectuum definitiones* (Definitionen der Affekte)

sowie den üblichen Abkürzungen der Werke Spinozas, die in dieser Einleitung schon vorgestellt wurden (siehe auch Bibliographie). Den TIE zitiere ich nach nummerierten Abschnitten, den TTP nach Kapiteln beziehungsweise Seitenzahlen,

5 Gerade die politische Theorie, die häufig separiert von den restlichen Texten Spinozas behandelt wurde, verstehe ich nicht als eine dem System Spinozas additiv hinzugefügte Komponente, sondern als integralen Bestandteil von Ontologie und Affektenlehre, wie ich in Kapitel 4 ausführen werde. Ich folge hier der Interpretation Balibars (1998).

den TP nach Kapiteln und Paragraphen, die Briefe nach Nummern.

Alle anderen Quellen zitiere ich unter Angabe des Nachnamens, des Erscheinungsjahres des Textes, aus dem ich sie entnommen habe, und gegebenenfalls der Seite. Wo es möglich ist, zitiere ich aus den deutschen Übersetzungen französischer, englischer oder lateinischer Texte.

2.

Der Mensch in der Ontologie Spinozas

Die Grundlage sowohl für den Status der Erkenntnis als auch den der Gesellschaft findet sich in der Ontologie Spinozas, die er schwerpunktmäßig im ersten Teil der *Ethik* (Eth.) ausgehend von Gott entwickelt und in Teil II und III der *Ethik* auf den Menschen bezieht. In ihr sind beide für meine Fragestellung relevanten Aspekte angelegt: Einerseits begründet Spinoza dort die Erkenntnismöglichkeit, welche die Einzelnen haben, und andererseits bestimmt er den Menschen durch seine Verortung in der Gesamtheit der Natur als soziales – das heißt: nicht monadisches – Wesen. Beides wird durch den Bezug des Menschen auf seine Ursache, Gott, hergeleitet.

Versteht man die gesamte Philosophie Spinozas als Suche nach dem wahren Glück, so legt er in der *Ethik* eine Theorie der Bedingungen dieses Glückes in Abhängigkeit von einem Unbedingten vor (vgl. auch Bartuschat 1992, S. IX). Im Mittelpunkt dieser Bedingungen steht die von Spinoza als unbedingt herausgestellte Substanz, die er „Gott" nennt. Gott ist genuin durch seine Macht (*potentia*) bestimmt; seiner Essenz nach besteht Gott aus Tätigkeit, aus produktiver Entäußerung: Er ist ein hervorbringendes Prinzip (*causa*, Eth. I, prop. 16, coroll. 1). Den Begriff Gottes entwickelt Spinoza aus der Definition[6] einer unendlichen Substanz, die dadurch bestimmt ist, dass sie nicht wiederum durch irgendein anderes

6 Bei den von Spinoza in der *Ethik* vorgestellten Definitionen handelt es sich nicht um Nominaldefinitionen, sondern um *Realdefinitionen*. Spinoza bestimmt also mit der Definition Gottes nicht nur einen Begriff, sondern ein Ding; vgl. Edwin Curley (1986, S. 151ff).

Prinzip verursacht wird, sondern aus sich selbst heraus ist (vgl. Eth. I, def. 3). Als diese unbedingte, nicht wiederum von einem anderen hervorgebrachte Substanz ist sie notwendig einzig (vgl. Eth. I, prop. 5) und existiert ewig (vgl. Eth. I, prop. 8, schol. 2): In Bezug auf Gott fallen Existenz und Essenz zusammen (vgl. Eth. I, prop. 7).

Gott ist Spinoza zufolge attributiv gegliedert, genauer: Er besteht aus unendlich vielen Attributen, die selbst unendlich sind. Von ihnen sind Ausdehnung und Denken nur zwei; das sind aber die beiden Attribute, innerhalb derer der Mensch existiert.

Gott als hervorbringendes Prinzip verursacht Einzeldinge innerhalb der Attribute: „Aus der Notwendigkeit der göttlichen Natur muß unendlich Vieles auf unendlich viele Weisen [*infinitis modis*] […] folgen“ (Eth. I, prop. 16). Da Gott diesen Annahmen zufolge in allen Attributen ganz enthalten ist, verläuft das Hervorbringen der Dinge in ihnen parallel. Was aus Gott folgt, die Einzeldinge, die er hervorbringt, sind nach Spinoza „Modi, von denen Gottes Attribute auf bestimmte und geregelte Weise ausgedrückt werden“ (Eth. I, prop. 25, coroll.). Gott als ewiges hervorbringendes Prinzip nennt Spinoza auch „Natura naturans“, die von ihm geschaffene Gesamtheit der Einzeldinge „Natura naturata“ (Eth. I, prop. 29, schol.). Sie sind aber gleichzeitig nicht etwas vollkommen voneinander Verschiedenes. Spinoza schreibt, Gott bringe die Dinge in ihm hervor (vgl. Eth. I, prop. 15), die Natura naturata befindet sich also in gewisser Weise *in* der Natura naturans.[7]

7 Insbesondere Friedrich Wilhelm Hegel hat in seinen Vorlesungen über Spinoza den diesem Aspekt von Spinozas Philosophie innewohnenden Pantheismus betont, der ihn zu der Einschätzung kommen lässt: „Spinoza ist Hauptpunkt der modernen Philosophie: entweder Spinozismus oder keine Philosophie.“ Spinozas Bestimmung der Welt als zur Substanz Gott gehörend verknüpft Hegel mit dem Satz „Alle Bestimmung ist Negation“ aus Brief Nr. 50, den er als eine Seite des dialektischen Verhältnisses interpretiert, „nach der anderen Seite ist die Negation Negation der Negation, und dadurch Affirmation“. Spino-

Die Verbindung zwischen den unendlichen Attributen und den endlichen Einzeldingen bilden Spinoza zufolge die unendlichen Modi (vgl. Eth. I, prop. 21–23), die Bartuschat folgendermaßen erläutert (1992, S. 40): „Als einen unendlichen Modus bezeichnet Spinoza das, was aus der absoluten Natur eines göttlichen Attributes, die Produktivität (potentia) ist, folgt: es ist die Totalität dessen, was unter dem jeweiligen Attribut existiert."[8] *Endlich* sind bei Spinoza allein die Einzeldinge, die Modi, innerhalb der einzelnen unendlichen Attribute. Zu ihnen gehört der Mensch.[9]

Die Erschaffung der Natur geschieht Spinoza zufolge nach einem antiteleologischen Prinzip. Nicht um irgendeines

zistisches Denken stellt sich ihm daher als der Beginn dialektischen Denkens dar, der bei jeder derart denkenden Person wiederholt wird: „Wenn man anfängt zu philosophiren, so muß man zuerst Spinozist seyn. Die Seele muss sich baden in diesem Aether der einen Substanz, in der Alles, was man für wahr gehalten hat, untergegangen ist. Es ist diese Negation alles Besonderen, zu der jeder Philosoph gekommen seyn muß." Hegel leitet aus dieser dialektischen Weltbestimmung Spinozas zudem ab, dass der Atheismus, der diesem teilweise vorgeworfen wurde (vgl. zum Beispiel Brief 67 von Albert Burgh an Spinoza), eigentlich auf die Kritiker zurückfällt: „Die, welche Spinoza so verschwärzen, wollen also nicht Gott, sondern das Endliche, die Welt, erhalten haben; sie nehmen es übel, daß dieses nicht als Substantielles gelten darf, – ihren Untergang nehmen sie übel" (1965, S. 374ff.).

8 Jonathan Bennett versteht daher Spinozas Theorie der Attribute falsch, wenn er schreibt, Spinoza hielte Einzeldinge für „too small", um Substanzen zu sein, weil ihre Größe endlich sei (1984, S. 60). Das unendliche Attribut der Ausdehnung ist nicht unendlich groß, sondern ist außerhalb der Kategorie Endlichkeit zu verstehen – es ist nicht selbst ausgedehnt.

9 Das Erklärungsprinzip der unendlichen Modi in Spinozas Philosophie bleibt notwendig unzureichend, da es logisch zwischen Endlichkeit und Unendlichkeit wie auch zwischen Bedingtheit und Unbedingtheit keine Verbindung geben kann. Letztendlich muss man bei Spinoza zwei verschiedene Ausgangspunkte annehmen: einen von Gott und einen von der Tatsache der Existenz von Einzeldingen (vgl. auch Bartuschat 1992, S. 43ff.). Im Folgenden meine ich, wenn ich nur den Begriff „Modus" benutze, ihn immer im Sinne von „endlicher Modus".

den Dingen nachgelagerten Zweckes willen hat Gott die Dinge geschaffen, sondern mit Notwendigkeit. Diese Notwendigkeit resultiert aus der Beschaffenheit der Ursache Gott. In der Natur gibt es also keine „Zweckursachen" (vgl. Eth. I, Anhang, S. 81), sondern Gott hat die „vollkommensten" Dinge „unmittelbar hervorgebracht" (ebd., S. 87). Sie sind nicht um des Zweckes willen geschaffen worden, später andere Dinge hervorzubringen – sie bringen sie hervor, aber das ist nicht die Grundlage ihrer Existenz. Zweckursächliches Denken, das annimmt, die Welt sei so eingerichtet, dass der Mensch in ihr alles zu seinem Besten vorfindet, erfasst Spinoza zufolge daher nicht die Natur, sondern projiziert menschliche Eigenschaften auf sie. Die Dinge werden auch nicht in dem Sinne zufällig oder mutwillig geschaffen, dass Gott hätte entscheiden können, die Dinge anders zu schaffen, als er sie geschaffen habe: „Die Dinge haben auf keine andere Weise und in keiner anderen Ordnung von Gott hervorgebracht werden können, als sie hervorgebracht worden sind" (Eth. I, prop. 33). Gott handelt Spinoza zufolge nicht aus freiem Willen, sondern aus Notwendigkeit. Durch diese äußert sich seine Vollkommenheit.

Die Modi sind demnach auf doppelte Weise von Gott verursacht (vgl. Eth. I, prop. 25): Er ist die immanente Ursache jedes einzelnen Modus, den er in seiner spezifischen Essenz hervorbringt (vgl. Eth. I, prop. 18). Die Essenz eines Dings ist bei Spinoza wie die Ursache der Essenz, Gott, als „Potentia agendi" bestimmt (vgl. Eth. III, prop. 7). Gemäß dieser Potentia strebt jedes Ding, gemäß seiner Natur in seinem Existieren zu verharren; Spinoza nennt dieses Streben auch Conatus perseverandi (oder: Conatus sese conservandi, vgl. Eth. III, prop. 6f.; Eth. IV, prop. 22, coroll.).[10] Dieses Streben führt dazu, dass jedes Ding Ursache anderer Dinge ist, und zwar von deren Existenz:

10 Zur Unterscheidung von „Conatus perseverandi" und „Potentia agendi" siehe weiter unten in diesem Kapitel.

Jedes Einzelding [...] kann weder existieren noch zu einem Wirken bestimmt werden, wenn es nicht von einer anderen Ursache zum Existieren und Wirken bestimmt wird, die ebenfalls endlich ist und eine bestimmte Existenz hat; und auch diese Ursache kann wiederum weder existieren noch zu einem Wirken bestimmt werden, wenn sie nicht von einer anderen, die ebenfalls endlich ist und eine bestimmte Existenz hat, zum Existieren und Wirken bestimmt wird, und so weiter ins Unendliche. (Eth. I, prop. 28)

Da die Essenz eines Dinges, die Potentia agendi, von Gott dazu bestimmt ist, andere Dinge in ihrer Existenz hervorzubringen, ist Gott auch die Ursache dieses Hervorbringens von Einzeldingen durch andere Einzeldinge innerhalb der Natura naturata: „Denn wenn auch ein jedes [Einzelding] von einem anderen Einzelding bestimmt wird, in einer bestimmten Weise zu existieren, folgt doch die Kraft, mit der ein jedes im Existieren verharrt, aus der ewigen Notwendigkeit der Natur Gottes", heißt es in der Anmerkung zum Lehrsatz 45, Eth. II, wo Spinoza diesen Aspekt weiter ausführt.

Spinozas Ontologie, die er vornehmlich im ersten Teil der *Ethik* darstellt, ist systematisch immer schon mit einer Theorie des erkennenden Menschen verknüpft, indem er selbst aus der Position des Erkennenden die Theorie dessen, was erkannt wird, entwickelt. Dadurch wendet Spinoza in seinen ontologischen Ausführungen die Erkenntnistheorie, die in der Ontologie gründet, bereits an.[11]

Der zweite Teil der *Ethik*[12] bestimmt den Menschen explizit als endlichen Modus mit einer je eigenen Potentia

11 Auf die mit einer „Definition" Gottes verbundene systematische Verknüpfung der von Spinoza in seiner Erkenntnistheorie entwickelten Erkenntnisbedingungen und seiner Ontologie hat unter anderem Pierre Macherey hingewiesen (vgl. 1994, S. 29f.). Edwin Curley bezieht diese Frage zurecht auf das Problem der geometrischen Methode (*mos geometrico*), die Spinoza anwendet, im Allgemeinen, welcher das Prinzip der Definitionen angehört (Curley 1986).

12 Zur Frage, wie genau der erste Teil der *Ethik* als Erklärungsprinzip für das dienen kann, was in den weiteren Teilen entwickelt wird, vgl.

agendi[13], als ein Ding mit einer Essenz[14] und einer nicht notwendigen Existenz. Die Essenz eines Dinges ist die besondere Potentia agendi, die diesem Ding zukommt: Was an ihm ein allgemeines Merkmal ist, kann nicht der Essenz zugehören (vgl. Eth. II, prop. 37). Jeder Mensch hat also eine ihm eigene *Essenz*. Sie begründet die Möglichkeit, zu Erkenntnis zu gelangen: Der Mensch, der Potentia agendi ist, bringt selbst Ideen hervor (siehe hierzu Kapitel 3). Jedes Einzelding und daher auch der Mensch wird in seiner *Existenz* auch durch

Bartuschat (1992, S. 13). Das Gegenstück zum Erklärungsprinzip wäre ein Begründungsprinzip, das Spinoza anscheinend sehr wohl für sich in Anspruch nimmt, aus dem „in geometrischer Methode" die einzelnen Teile abgeleitet werden könnten. Bartuschat zufolge können diese aber nicht allein aus der Substanz deduziert werden (ebd.).

13 Die Idee der Bestimmung des Menschen als Tätigkeit (*homo agens*) findet sich auch bei materialistischen Philosophen wie Aristoteles, John Locke oder Karl Marx. Wo bei Aristoteles noch die Praxis der Bewegung als Handeln im Vordergrund steht (vgl. 1978a), verengt Locke unter dem Einfluss des entstehenden Kapitalismus den Begriff auf die Bedeutung von Arbeit, die als zweckgerichtete Handlung auf die Erlangung von Eigentum abzielt (vgl. 1977). Diese auch real stattfindende Umdeutung stellt dann wiederum die Grundlage dar für Marx' Kritik (vgl. 1962; 1981). Pierre François Moreau, der Spinoza als Materialisten interpretiert, kommt zu dem Schluss: „Was bei Spinoza die Stelle einer ‚Erkenntnistheorie' einnimmt […], [ist] in Wahrheit eine Theorie der *Produktion* von Erkenntnissen" (1978, S. 73). Antonio Negri deutet das Denken Spinozas gar als „vorauseilende Entmystifizierung" bürgerlicher Mystifikationen (1981, S. 160f.; vgl. auch ebd., S. 203, S. 215).

14 Gottfried Wilhelm Leibniz individualisierte dieses Konzept einer von der göttlichen Substanz geschaffenen menschlichen Essenz später zur Monade, die eine eigene Substanz sei (vgl. 1956, Prinzip 1). Einer essenziellen Bestimmung des Menschen widersprach etwa Marx vehement: „Das menschliche Wesen ist kein dem einzelnen Individuum innewohnendes Abstraktum. In seiner Wirklichkeit ist es das ensemble der gesellschaftlichen Verhältnisse" (1981, S. 6). Trotzdem weist das essenzielle Konzept der Macht oder Begierde, nach dem Spinoza zufolge der Mensch konstituiert ist, über moralistische Konzepte, die den Menschen positiv (Platon, Rousseau) oder negativ sehen (Machiavelli, Hobbes), hinaus; vgl. hierzu Balibar (1998, S. 122).

endliche Dinge hervorgebracht und bringt solche hervor, wodurch ein Geflecht von Beziehungen entsteht (vgl. Eth. IV, prop. 2), das den Menschen bestimmt. Diese Vernetzung des Menschen folgt insbesondere auch aus der Körperlehre Spinozas (vgl. Eth. II, prop. 13, post. 4).

Der Mensch ist ein Modus innerhalb zweier unendlicher Attribute Gottes, dem des Denkens und dem der Ausdehnung (vgl. Eth. II, prop. 1–2,): Der Mensch denkt (vgl. Eth. II, ax. 2), und er hat einen Körper, der auf vielfache Weise affiziert wird (vgl. Eth. II, ax. 4); er stellt die Einheit dieser beiden in verschiedenen Attributen angesiedelten Teile dar.[15] Das Denken (der Geist) ist die *Idee* des Körpers (vgl. Eth. II, prop. 13 u. coroll.). Als Denken ist der menschliche Geist Teil von Gottes unendlichem Verstand (vgl. Eth. II, prop. 11, coroll.). Körper und Denken haben keinen Einfluss auf das jeweils andere: „[Ein] Gedanke [wird] von einem anderen Gedanken begrenzt. Dagegen wird ein Körper nicht von einem Gedanken begrenzt, noch ein Gedanke von einem Körper“ (Eth. I, def. 2).

Aus den zwei Attributen, an denen der Mensch teilhat, zu schließen, es gäbe nur diese beiden, wäre anthropozentrisch, daher nimmt Spinoza statt einer Zweiheit eine Vielheit der Attribute an.[16] Da Gott mit all seinen Attributen identisch ist, ist er auf die je verschiedenen Weisen in ihnen enthalten, was dazu führt, dass das Attribut Ausdehnung dieselbe Ordnung hat wie das Attribut Denken (vgl. Eth. II,

15 In der Beschreibung des Menschen als Einheit von Körper und Geist richtet Spinoza sich sowohl gegen die aristotelische Tradition, den Menschen als Verbindung von Form und Substanz zu verstehen, als auch gegen Descartes’ Reinterpretation der christlichen Tradition, den Menschen als Verbindung zweier Substanzen zu sehen. Vgl. hierzu auch Balibar (ebd., S. 105f.).

16 Gilles Deleuze schreibt dazu: „Das Absolute besitzt unendlich viele Attribute. Wir erkennen davon nur zwei, die Ausdehnung und das Denken, weil unsere Erkenntnis beschränkt ist und weil wir aus einem Modus der Ausdehnung und einem des Denkens konstituiert sind“ (1993, S. 104).

prop. 7). Dieser Aspekt von Spinozas Ontologie wird auch als „Parallelismus“[17] bezeichnet. Gott als ursächliches Prinzip aller Attribute bringt die Dinge in beiden Attributen identisch hervor. Die Attribute Ausdehnung und Denken nehmen nicht aufeinander Einfluss, sondern in ihnen sind dieselben Dinge enthalten, begriffen unter den verschiedenen Attributen.[18] Auch der menschliche Geist und Körper sind nach der Parallelismus-Theorie Spinozas wie die Attribute, denen sie angehören, nicht kausal aufeinander bezogen, sondern die Verknüpfungen der Dinge in ihrem jeweiligen Attribut verlaufen parallel zueinander. Der Bezug des menschlichen Geistes auf den menschlichen Körper ist bei Spinoza rein durch den Parallelismus der beiden Sphären Denken und Ausdehnung bestimmt. Eine Erkenntnis des eigenen Kör-

17 Vgl. zur genauen Nachzeichnung des impliziten Arguments Spinozas, auf dem der Parallelismus basiert, Curley 1988, S. 63ff.

18 Hier deutet sich ein Problem an, das G.H. Schuller in einem Brief an Spinoza formuliert hat: die Frage nach der Menge der Dinge, die in einem göttlichen Attribut enthalten sind. Ausgehend von der Vielheit der Attribute könnte man mutmaßen, dem Attribut Denken käme eine vorherrschende Stellung zu, indem es die Ideen aller Dinge aus allen göttlichen Attributen enthalte. Schuller hatte in seinem Brief die Frage gestellt, „ob so nicht anscheinend ebenso viele Welten anzunehmen sind, als es Attribute Gottes gibt. Es würden dann beispielsweise Welten, die aus anderen Attributen bestehen, in geradeso großem Umfang existieren, wie unsre Welt der Ausdehnung, […] und ebenso wie wir außer dem Denken nur die Ausdehnung begreifen, so würden die Geschöpfe jener Welten nur das Attribut ihrer Welt und das Denken begreifen“ (Brief 63). Spinoza konnte diese Frage nicht abschließend beantworten, schrieb jedoch unter Verweis auf Eth. II, prop. 7: „Nun aber schließt die Idee des Körpers keine andren Attribute in sich noch drückt sie andre aus als Ausdehnung und Denken“ (Brief 64). Daraus lässt sich schließen, dass wir zunächst nur von einer Kopplung der Attribute Ausdehnung und Denken ausgehen können, weil sie im Menschen stattfindet, nicht aber über Ideen von Dingen aus ganz anderen Attributen Gottes spekulieren können. Curley betont trotzdem: „The attribute of thought does extend more widely than any of the others“ (1969, S. 149).

pers, so Spinoza, sei nicht möglich (vgl. Eth. II, prop. 19, dem.).

Durch die direkte Verursachung der Essenz jedes Menschen durch Gott einerseits und die Einordnung des Menschen in das kausale Umfeld von Einzeldingen andererseits, ohne die seine Existenz unmöglich wäre, gehen Spinoza zufolge Individualität und Sozialität des Menschen notwendig miteinander einher. Daher ist neben der dem Menschen essenziell zukommenden Potentia agendi die Affektivität des Menschen, die Spinoza im dritten und vierten Teil der *Ethik* ausführt, konstitutiv für den Menschen. Der Mensch ist durch die Beziehungen zu anderen Menschen bestimmt. Diese Beziehungen können sich gegenseitig beeinflussen und wechselseitige Wirkungen hervorbringen, sodass ein affektives Geflecht entsteht.

Affekte beziehen sich, dem Parallelismus gemäß, auf den Körper und den Geist gleichermaßen. Wenn der Körper von anderen Körpern affiziert wird (Affektion), wird der Geist gleichzeitig von den Ideen der Affektionen affiziert. Affektionen und Ideen der Affektionen zusammen nennt Spinoza *Affekte*. Die Grundlage von Spinozas Affektenlehre ist, dass der Mensch, wenn er Affekten unterworfen ist, leidet und so nicht selbst Ursache seiner Handlungen ist, sondern von außen bestimmt wird. Spinoza legt daher am Schluss von Teil III der *Ethik* eine lange Liste von Affektdefinitionen vor, von der Begierde als „des Menschen Essenz selbst“ (Eth. III, aff. def. 1) über Lust und Unlust als Übergang des Menschen von geringerer zu größerer Vollkommenheit beziehungsweise umgekehrt (Eth. III, aff. def. 2+3), Liebe (Eth. III, aff. def. 6), Zorn (Eth. III, aff. def. 36) Ängstlichkeit (Eth. III, aff. def. 41) bis zur Lüsternheit (Eth. III, aff. def. 48). Auch wenn mit einigen dieser Affekte Freude verbunden sei, kann eine solche Freude Spinoza zufolge keine stabile sein, weil sie von äußeren Einflüssen abhängt, deren Bestand der Kontrolle der Einzelnen entzogen ist. Daher, so Spinoza, führe ein affektives Leben zu einer „Schwankung des Gemüts“ (Eth. III, prop. 31), bei der entgegengesetzte Affekte zur gleichen Zeit auftreten. Die Folge sind verschiedene Arten von Trauer, auch wenn einige Affekte teilweise mit Freude verbunden sein können.

Vor diesem Hintergrund lässt sich Spinozas essenzielle Bestimmung des Menschen noch einmal genauer bezeichnen. Die Begriffe „Conatus perseverandi" und „Potentia agendi" werde ich im Folgenden als unterschiedliche Äußerungsweisen derselben Kraft verstehen (vgl. Eth. III, prop. 7, dem.). Während der Conatus perseverandi auf die eigene Erhaltung bezogen ist, diese aber nicht adäquat erfüllen kann, weil er an die Affektivität gebunden bleibt, verstehe ich die Potentia agendi als ein Handeln, bei dem der Mensch selbst aktiv ist, als reale „Wirkungsmacht" (Eth. III, prop. 53f.). Mit ihr geht eine Freude einher, die nicht instabil ist, weil der Mensch, wenn er als Aktiver handelt, keinen sich ändernden äußeren Einwirkungen ausgesetzt ist, sondern sich auf Gott als absolute Ursache bezieht. Dieser Bezug auf Gott wird hergestellt, wenn der Mensch erkennt. Dann handelt er, ist also selbst Ursache von Dingen. Als Handelnder hat er die Möglichkeit, sich nicht nur affektiv, sondern auch in geistiger Übereinstimmung mit anderen Menschen zusammenzuschließen – an dieser Stelle von Spinozas Ontologie ist die Gesellschaftstheorie angelegt.[19] Spinoza zufolge kann die Gemeinsamkeit zwischen Menschen nicht in einem Unvermögen, einem Leiden bestehen, sondern wenn sie übereinstimmen, dann in einem Vermögen (vgl. Eth. IV, prop. 32, dem.). Nur wenn sie der Leitung der Vernunft folgen, stimmen sie „ihrer Natur nach notwendigerweise immer überein" (Eth. IV, prop. 35).

Die Garantie dafür, dass der Mensch Dinge erkennen kann, ist Spinozas Parallelismus. Durch ihn ist die Kohärenz

19 Insbesondere Bartuschat (1996) hat die geistige Komponente der menschlichen Konstitution deutlich gemacht: Der Mensch ist nicht nur als Körper, sondern auch oder gerade über Geistiges mit anderen Menschen verbunden.

von Ideen und materiellen Dingen gewährleistet, die als Grundlage seiner Erkenntnistheorie dient: Erkenntnis bedeutet nach Spinoza weder ein Schließen aus Beobachtungen noch eine diskursive Beliebigkeit – Empirismus und Skeptizismus sind beide mit der Philosophie Spinozas nicht vereinbar –, sondern eine Sicht des Menschen auf sich selbst, die ihn innerhalb der Gesamtstruktur der Welt begreift.[20]

20 Errol E. Harris bezeichnet Spinozas Methode, die „von den konkreten Universalien zu deren Verbesonderungen und zugleich in umgekehrter Richtung verläuft", als „krypto-dialektische Methode" (1986, S. 149).

3.

Spinozas Erkenntnistheorie

In der Untersuchung von Spinozas Erkenntnistheorie sollen die beiden Fragen geklärt werden, auf welche Weise der Mensch erkennt und wie eine Entwicklung innerhalb der von Spinoza vorgestellten drei Erkenntnisformen hin zu der von ihm präferierten Erkenntnisform möglich ist. Dazu werde ich auf die beiden Texte Bezug nehmen, in denen Spinoza seine Erkenntnistheorie entwickelt: die *Abhandlung über die Verbesserung des Verstandes* (TIE) sowie die *Ethik* (Eth.); dort hauptsächlich auf den zweiten Teil.

„Der Mensch denkt", schreibt Spinoza in Eth. II, ax. 2: Nach ihm ist der Mensch in der Lage, zu bestimmten Erkenntnissen zu gelangen, die sich auf ihn selbst, die äußere Umwelt und Gott beziehen. Zu einer Erkenntnis gelangen bezeichnet Spinoza als „Ideen haben". Er unterscheidet adäquate von inadäquaten Ideen; adäquate Ideen sind ihm zufolge wahre, inadäquate Ideen sind nicht wahre Ideen. Spinoza entwickelt drei Formen von Erkenntnis: erstens die „Imaginatio", in der die Ideen auf Vorstellungen beruhen, zweitens die „Ratio", in der Begriffe gebildet werden, und drittens die „Scientia intuitiva", in welcher der Mensch Gott erkennt und sich auf diese Weise auch selbst als einen Modus unter den unendlichen Attributen Gottes verstehen kann.

Grundlegend für die Erkenntnistheorie Spinozas ist die Einbindung des Menschen in die Umwelt der Natura naturata: Er befindet sich immer schon in einem unauflösbaren Geflecht von Beziehungen, die ihn beeinflussen, Auswirkungen auf bestimmte Formen seiner Erkenntnis haben und die Wahrnehmung seiner selbst mitbestimmen. Für Spinoza spielt innerhalb der Erkenntnistheorie eine Rolle, ob der Mensch als aktiver oder als passiver im Umgang mit der Welt auftritt, ob er Subjekt oder Objekt von Affektionen ist. Die Frage, wer auf wen einwirkt, steht im Vordergrund. Handelt der Geist nicht, sondern ist passiv, führt das zu inadäquaten Ideen, wie Spinoza im dritten Teil der *Ethik* zeigt:

> Unser Geist bringt einiges aktiv hervor, anderes erleidet er jedoch; insofern er nämlich adäquate Ideen hat, bringt er notwendigerweise einiges aktiv hervor, und insofern er inadäquate Ideen hat, erleidet er notwendigerweise anderes. (Eth. III, prop. 1)

Dementsprechend werde ich die Erkenntnistheorie nach der im vorigen Kapitel vorgestellten Differenz von Conatus perseverandi und Potentia agendi verstehen: Erkenntnis ist die Überführung des ersteren in die zweitere.

Zunächst soll nun der Begriff der „Idee" geklärt werden, bevor ich die drei Erkenntnisarten aus der *Ethik* und dem TIE extrahiere und den TIE im Hinblick auf den *Prozess* der Verbesserung des Verstandes (*intellectus emendatione*) untersuche.

3.1 Geist, Idee, Erkenntnis

Der für die Erkenntnistheorie Spinozas konstitutive Begriff ist derjenige der *Idee* (*idea*)[21]. „Unter Idee verstehe ich einen Begriff [*conceptus*] des Geistes, den der Geist bildet, weil er ein denkendes Ding ist", schreibt Spinoza (Eth. II, def. 3). Als ein solches ist der menschliche Intellekt Teil des göttlichen Intellektes, dem Attribut Denken (Eth. II, prop. 11, coroll.). Wenn der Geist einen Begriff bildet, *hat* er Spinoza zufolge diese Idee in einer Weise, die Deleuze rekurrierend auf Eth. II, prop. 12, dem. beschreibt: Die Ideen sind „in Gott, jedoch allein insoweit er sich durch unsere Seele expliziert, unabhängig von anderen Ideen, die er hat; sie sind also in uns" (1993,

21 Vgl. zu einer ausführlichen Interpretation des Gebrauchs des Begriffs „Idee" bei Spinoza Kashap (1978).

S. 130). In Bezug auf das „Haben“ einer Idee macht Spinoza in der Erläuterung zu Eth. II, def. 3 deutlich, dass der Geist selbst etwas tut, eine Handlung vollzieht:

> Ich sage lieber Begriff [*conceptus*] als Wahrnehmung [*perceptionis*], weil der Ausdruck „Wahrnehmung“ anzuzeigen scheint, daß der Geist von dem Gegenstand etwas erleidet. Begriff scheint dagegen eine Aktivität des Geistes auszudrücken. (Ebd.)

Spinoza sagt damit auch, dass nur die Ideen, die tatsächlich durch eine Aktivität des Geistes zustande kommen, Begriffe sind. In diesem Konzept des Begriffs ist enthalten, dass auch sein Wahrheitskriterium nicht daraus erwächst, ob er eine Außenwelt spiegelt oder abbildet. Nicht die Übereinstimmung einer Idee mit einem äußeren Gegenstand zeigt ihre Wahrheit, sondern eine wahre Idee im Sinne Spinozas ist eine, die „alle Eigenschaften oder inneren Merkmale einer wahren Idee hat“ (Eth. II, def. 4), das heißt, das Kriterium der Wahrheit ist nicht etwas der Idee Äußerliches, sondern *in* ihr enthalten. Als inneres Merkmal einer wahren Idee hat Spinoza im TIE Klarheit und Deutlichkeit der Idee angegeben (TIE 63). Klarheit und Deutlichkeit sind keine der Idee von außen anhaftenden Merkmale, sondern sie betreffen die Form der Idee selbst. Eine klare und deutliche Idee trägt demnach das Kriterium ihrer Wahrheit bereits in sich, das heißt die wahre Idee ist Norm ihrer selbst.[22]

Für inadäquate Ideen bilden ebenso wahre Ideen das Kriterium der Nichtadäquatheit. Inadäquate Ideen bestimmt Spinoza über einen Mangel, etwas, das ihnen fehlt, nicht durch ein eigenes ihnen zukommendes positives Merkmal: „Es gibt nichts Positives in Ideen, das die Form von Falschheit ausmacht“ (Eth. II, prop. 35, dem.). Falschen Ideen mangelt es an einer Vollständigkeit des Erkennens. Die Vollstän-

22 Franco Biasutti (1986) betont die in diesem Aspekt von Spinozas Erkenntnistheorie gelegene Abgrenzung gegen den mittelalterlichen Glauben als höherer, aber nicht diskursiv vermittelbarer Gewissheit, auf die sich als Wahrheitskriterium gestützt wurde.

digkeit des Erkennens drückt sich in einer Sicherheit der erkennenden Person aus, dass es sich bei einer Idee um eine adäquate handelt. Für inadäquate Ideen lässt Spinoza den Begriff *perceptionis*, Wahrnehmung, gelten. Er deutet, wie oben erläutert, auf eine Passivität des Geistes hin; dieser erleidet durch die inadäquaten Ideen etwas aus der Umgebung.

In diesem Leiden besteht der Affekt: Nicht der Mensch bringt etwas hervor, sondern ihm geschieht etwas durch eine Einwirkung von außen. Mit dem Affekt ist weder eine klare Idee seiner Ursache verbunden – vielmehr werden verschiedene (inadäquate) Ideen von Ursachen, die sich zufällig vermischen können, vom Geist in Einklang gebracht –, noch ist dabei völlig klar, was eigentlich äußerer Affekt ist und was das urteilende Innere. Doch in seiner Affektenlehre im dritten Teil der *Ethik* bietet Spinoza eine Möglichkeit an, Affekte rational zu durchdringen. Denn die Parallelität zwischen Körper und Geist, die bestimmt, dass das, was den Körper beeinflusst, als Idee auf die gleiche Weise den Geist beeinflusst (Eth. III, prop. 11), ermöglicht es, Affekte mittels des Verstandes zu durchdringen. So wird der Weg einer aufsteigenden Erkenntnis eröffnet (siehe Teil 3.3. dieser Untersuchung).

Ist für Spinoza der Geist ein „denkendes Ding" (Eth. II, def. 3), also ein Ding, das Ideen hat beziehungsweise sie hervorbringt, so sind die von ihm hervorgebrachten Ideen selbst auch wiederum Dinge, das heißt, ihnen kommt ein eigener ontologischer Status zu, der dem ausgedehnter Dinge analog ist, nämlich existierende, endliche Einzeldinge innerhalb eines göttlichen Attributs zu sein. Ideen sind ihm zufolge (endliche) Einzeldinge im (unendlichen) Attribut Denken. Da von allen Dingen Ideen existieren und Ideen selbst Dinge sind, gibt es auch von ihnen wiederum eine Idee. Und von einer Idee zweiter Ordnung wiederum eine weitere. Oder, wie Spinoza es ausdrückt: „Sobald nämlich jemand etwas weiß, weiß er ebendamit, daß er dies weiß; und zugleich weiß er, daß er weiß, daß er weiß; und so fort ins Unendliche“ (Eth. II, prop. 21, schol.).[23]

3.2 Die drei Erkenntnisarten

3.2.1 Imaginatio

Die Imaginatio ist Spinoza zufolge die erste Stufe der Erkenntnis, die notwendig inadäquat ist. Ihre Basis ist die

23 Hier taucht erneut das Problem der Parallelität der verschiedenen göttlichen Attribute auf: Denn wenn das Attribut Denken nicht nur die Ideen aller ausgedehnten Dinge enthält, sondern auch die Ideen dieser Ideen und so fort, enthielte das Attribut Denken weit mehr Dinge als das Attribut Ausdehnung, nämlich sowohl die Ideen aller ausgedehnten Dinge als auch die Ideen dieser Ideen und so weiter. Zur Idee der Idee, etwa des Körpers, gäbe es dann keine dem Parallelismus gemäße Entsprechung im Attribut Ausdehnung, sondern der Inhalt dieser Idee ist die Idee des Körpers und der Inhalt dieser Idee wiederum der Körper selbst. Für Spinoza ist das Problem der Selbstreflexivität von Ideen durch die Identität der Dinge gelöst: „Die Idee des Körpers und der Körper, d.h. […] der Geist und der Körper, [sind] ein und dasselbe Individuum […], das bald unter dem Attribut Denken, bald unter dem Attribut Ausdehnung begriffen wird; deshalb sind die Idee des Geistes und der Geist selbst ein und dasselbe Ding, das unter ein und demselben Attribut, nämlich Denken, begriffen wird“ (Eth. II, prop. 21, schol.). Demnach wären also ein Körper, die Idee des Körpers und die Idee dieser Idee nicht jeweils eigenständige Dinge, sondern dasselbe Ding, das zudem nicht in den verschiedenen Attributen *existiert*, sondern unter diesen Attributen *begriffen wird*. Hier wird wiederum Spinozas anthropologische Grundlage der Erkenntnistheorie deutlich: Nicht objektiv, sondern durch einen Verstand begriffen sind diese Dinge jeweils das gleiche Ding, weil der Verstand, wenn er eines der Dinge begreift, alle diese Dinge begreift. Eine Abfolge des Erkennens dieser drei verschiedenen Ebenen (Körper, Idee, Reflexion/ Idee zweiter Ordnung) folgt aber nicht einer Dreiteilung ähnlich derjenigen der drei Erkenntnisarten, sondern es handelt sich beim Erkennen aller drei um adäquates Erkennen. Trotzdem können die drei Erkenntnisarten auch unter dem Aspekt des aufsteigenden Reflexionsgrades gefasst werden.

Affektivität des Menschen: Seiner Essenz nach ist der Mensch Begierde (*cupiditas*).[24] Hierunter versteht Spinoza

> sämtliche Formen von Streben, Antrieb, Trieb und Wollen des Menschen, die entsprechend dem unterschiedlichen Zustand desselben Menschen unterschiedlich sind und nicht selten einander derart entgegengesetzt, daß der Mensch in verschiedene Richtungen gezogen wird und nicht weiß, wohin er sich wenden soll. (Eth. III, aff. def. 1, expl.)

Die Begierde kann also in sich selbst widersprüchlich sein und so einen instabilen Zustand des Menschen verursachen, eine „Schwankung des Gemüts" (Eth. III, prop. 31). Die ausführliche Auflistung der Affekte, die Spinoza im dritten Teil der *Ethik* liefert, macht deutlich: Sie alle haben gemeinsam, dass der Mensch, wenn er ihnen unterworfen ist, nicht handelt, sondern leidet. Er ist nicht selbst Ursache der aus ihm folgenden Ideen, sondern die Ideen entspringen äußeren Ursachen. Der Körper, der sich in zahlreichen Konstellationen zu anderen Körpern befindet, kann von diesen Körpern affiziert werden; gleichzeitig wird dann der Geist von den Ideen dieser Körper affiziert. Mit jeder Affektion geht also eine Idee einher. Die Zusammennahme von Affektion des Körpers und der Idee der Affektion nennt Spinoza *Affekt* (Eth. III, def. 3). Durch seine Einwirkung verändert sich der Zustand des Menschen, seine Vollkommenheit wird größer oder geringer. Geht er zu größerer Vollkommenheit über, so äußert sich das durch einen Affekt der Freude (*laetitia*); wird seine Vollkommenheit geringer, so empfindet er Trauer (*tristitia*), vgl. Eth. III, aff. def. 2–3. Die Affekte der Freude und Trauer resultieren, wie Spinoza im dritten Teil der *Ethik* zeigt, aus den Verknüpfungen, die der Mensch zwischen den Affekten und den äußeren Körpern herstellt.

24 Hier ist der von mir in Kapitel 2 als dem Menschen essenziell zukommend genannte Conatus als Unterart der Begierde gefasst. Da ich jedoch auf die Einzelheiten von Spinozas Affektenlehre nicht dezidiert eingehen werde, reicht es, die beiden Begriffe synonym zu verstehen.

Gemäß diesen Verknüpfungen bildet sich die Imaginatio. Der Geist betrachtet die äußeren Körper durch die Ideen ihrer Affektionen des menschlichen Körpers (Eth. II, prop. 17, schol.). Die Verknüpfung folgt der zufälligen Ordnung des zeitlichen Ablaufs und der räumlichen Anordnung der äußeren Körper. Die Ideen, die der Mensch sich über sie bildet, bleiben daher in Unkenntnis der wahren Ursache ihrer selbst. Sie nehmen die Anordnung äußerer Dinge zum Zeitpunkt der Affektion als Ursache, können diese aber nicht adäquat erkennen und bleiben selbst in Unwissenheit über diese Inadäquatheit. Nach der Imaginatio gebildete Ideen können daher keine adäquate Erkenntnis ausdrücken. Der Mensch erkennt nach Eth. II, prop. 29, coroll. weder die äußeren Dinge noch den eigenen Körper. Die äußeren Dinge sind mit den Ideen der Affektionen des eigenen Körpers, durch die sie den Menschen affizieren, untrennbar verbunden. Darüber hinaus nimmt der Mensch den eigenen Körper nur anhand der Affektionen durch äußere Körper wahr. So erkennt er schließlich auch sich selbst nicht, denn dazu müsste er eine adäquate Idee seines Körpers bilden. Die Ideen, die der Geist mithilfe der Imaginatio bildet, dürften also eigentlich gar nicht Ideen heißen. Es handelt sich vielmehr um bloße Wahrnehmungen. Durch sie wird keine Aktivität des Geistes ausgedrückt. Daher kann der Geist von nach der Imaginatio gebildeten Ideen keine klare und deutliche Idee ihrer Wahrheit haben, durch die nach Spinoza die Adäquatheit einer Idee ausgedrückt wird (Eth. II, prop. 43, schol.).

Eine besondere Rolle spielen für die Imaginatio einer Person die sie umgebenden Menschen. Nicht nur sind sie es, auf welche sich bestimmte Affekte richten oder welche die Person selbst affizieren, sondern mit ihren Affekten können auch die eigenen Affekte in Konflikt geraten, weil sie sich zum Beispiel auf dasselbe Objekt richten, sich dabei aber gegenseitig ausschließen. So resultieren Liebe und Zuneigung, aber auch negative Affekte[25] wie Abneigung oder Hass aus zufällig mit bestimmten Menschen verbundenen Steigerungen von Freude beziehungsweise Trauer. Die Außenwelt kann auf gegensätzliche Weise auf den Menschen einwirken. In Eth. II, prop. 29, schol. unterscheidet Spinoza eine Erkenntnis, die der Mensch hat, „sooft er von außen, nämlich von der zufälligen Begegnung mit Dingen her, bestimmt wird", von einer Erkenntnis, die er hat, „sooft er von innen, nämlich dadurch, daß er mehrere Dinge zugleich betrachtet, bestimmt wird". Was Spinoza hier zunächst in „äußere" und „innere" Bestimmung unterteilt, bedeutet bei näherer Betrachtung in beiden Fällen eine Sicht des Menschen auf seine Umgebung, also auf ein Außen. Im ersten Fall bleiben die Dinge aber auch dem Menschen als Erkennendem äußerlich, im zweiten Fall hat er sich als Teil dieses Außen erkannt, wodurch er die (äußeren) Dinge *von innen* betrachten kann.

Diese Verinnerlichung des Außens verdeutlicht Spinoza auch in der Unterscheidung der Begriffe *Universales* und *Transcendentales* von den *Communes* (Eth. II, prop. 40, schol. 1). Die „allgemeinen Begriffe" (*Universales*) – Gattungsbegriffe wie Mensch, Pferd, Hund – und die „transzendentalen Begriffe" (*Transcendentales*) – wie Seiendes, Ding, Etwas – seien dem fehlenden Spezifizierungsvermögen der Imaginatio zuzuschreiben. Die Universales erkennen Spinoza

25 Der Ausdruck „negativer Affekt" ist eigentlich nicht spinozistisch, weil für Spinoza alle Affekte in dem Sinn, dass der Mensch leidet, wenn er ihnen unterworfen ist, „negativ" sind. Trotzdem wird eine Veränderung zu größerer Freude von Menschen im Allgemeinen als positiv empfunden, und auch Spinoza definiert Freude als den „Übergang des Menschen von einer geringeren zu einer größeren Vollkommenheit" (Eth. III, aff. def. 2), wohingegen Trauer den „Übergang des Menschen von einer größeren zu einer geringeren Vollkommenheit" (Eth. III, aff. def. 3) darstellt. Dabei können auch die Übergänge zu größerer Vollkommenheit, wie zum Beispiel der Affekt der Liebe, nach Spinoza wiederum resultieren in Übergänge zu geringerer Vollkommenheit wie Hassgefühle zum Beispiel gegenüber potenziellen Rival:innen.

zufolge kein Einzelding adäquat; die Transcendentales zielen auf nichts Existierendes. Demgegenüber handele es sich bei den „Gemeinbegriffen“ (*Communes*) um klare, deutliche Begriffe, welche „die Grundlagen unseres Schlußverfahrens sind“ (ebd.), das in der Ratio stattfindet. Die Communes als Grundlage des Schlussverfahrens Spinozas ermöglichen durch ihre Kommunizierbarkeit gleichzeitig die Intersubjektivität von Erkenntnissen, siehe Abschnitt 3.2.2.

Kommunikation stellt nach Spinoza aber auch eine weitere mögliche Fehlerquelle der Erkenntnis dar. Nennt er im TIE (19) die bisher aus der *Ethik* hergeleitete Erkenntnisform der Imaginatio „Wissen durch unbestimmte Erfahrung“ (*experientia vaga*), so stellt er im TIE noch eine weitere Art des Erkennens, die der Imaginatio zugeordnet werden muss, dar (vgl. ebd.): Wissen (*perceptio*) durch Hörensagen (*ex auditu*). „Bloß durch Hörensagen weiß ich meinen Geburtstag und daß ich die und die Eltern gehabt habe“, schreibt Spinoza (TIE 20). Aus diesen Beispielen wird deutlich, dass nach der Imaginatio gewonnene Erkenntnis sich nur zum Teil als inadäquat gegenüber ihrem Gegenstand verhält. Während bei der oben dargestellten Vorgehensweise der Imaginatio, Wirkungen zufällig mit Ursachen zu verknüpfen, dieses Wissen durch bestimmte Verstandestechniken verbesser- beziehungsweise revidierbar ist, können von anderen Erkenntnissen der Imaginatio (wie zum Beispiel dem eigenen Geburtsdatum) keine adäquaten Ideen gebildet werden. Dieses Wissen bleibt notwendig ein aus Hörensagen erworbenes. Daraus wird deutlich, dass die Imaginatio sich nur teilweise als Fehlerquelle nachteilig auswirkt, in anderer Weise aber für bestimmte Sachverhalte notwendig ist. Manche Dinge kann man nur vom Hörensagen wissen, also nur durch die Imaginatio erkennen.

Bereits nach der Imaginatio gebildete Ideen strukturieren spätere Erfahrungen vor. Im TIE zeigt Spinoza die Wichtigkeit des Hörensagens und der bereits erfolgten „unbestimmten Erfahrung“ für weitere Erkenntnisse nach der Imaginatio auf. Zunächst stellt er die beiden Wahrnehmungsformen als verschiedene nebeneinander; Hörensagen muss aber eigentlich als Sonderform der „unbestimmten Erfahrung" verstanden werden. „Hörensagen" nennt Spinoza eine Wahrnehmung, die wir „durch irgendein sogenanntes beliebiges Zeichen haben", also eine genuin über Zeichen, das heißt nicht unbedingt nur durch Sprache, sondern auch Symbole, Gesten oder Verhaltensweisen vermittelte Erfahrung (TIE 19). „Unbestimmte Erfahrung" definiert er hingegen als eine solche, die „nicht vom Verstand bestimmt wird". Da „wir aber über kein anderes Erfahrungselement verfügen, das ihr widerstreitet", führe das dazu, „daß sie als gleichsam unerschütterlich in uns verbleibt" (ebd.). Sie ist also eine Erfahrung, die ohne Aktivität des Verstandes eingeschrieben wurde.

In der Abfolge von Erfahrungen tritt eine hiernach gebildete Bestimmung menschlicher Erinnerung (*memoria*) hervor:

> Sie ist nämlich nichts anderes als eine gewisse Verkettung von Ideen, die die Natur von Dingen, die außerhalb des menschlichen Körpers sind, in sich schließen, eine Verkettung, die in dem Geist gemäß der Ordnung und Verkettung der Affektionen des menschlichen Körpers geschieht. Ich sage erstens, daß es sich um eine Verkettung bloß solcher Ideen handelt, die die Natur von Dingen außerhalb des menschlichen Körpers in sich schließen, nicht aber von Ideen, die die Natur dieser Dinge erklären; in Wirklichkeit sind es nämlich […] Ideen von Affektionen des menschlichen Körpers, die dessen eigene Natur ebenso in sich schließen wie die äußerer Körper. (Eth. II, prop. 18, schol.)

In der *Ethik* macht Spinoza deutlich, dass die Imaginatio in jedem Fall, auch wenn sie auf individueller Erfahrung gründet, an sprachliche Ausdrucksformen gebunden ist. Sie mündet in Universales, Allgemeinbegriffe. Daher sind unbestimmte Erfahrung und Hörensagen über ihre sprachliche Seite aneinander gebunden. Grundlegend für beide Wahrnehmungen ist die Beliebigkeit, mit der sie sich ereignen und durch die sie als Erfahrungen im Menschen verbleiben.

3.2.2 Ratio

Handelt es sich bei der Imaginatio um eine reine Wahrnehmungsweise, so kann man die Ratio als Schlussverfahren des Verstandes bezeichnen (obwohl Spinoza im TIE alle Erkenntnisarten „Wahrnehmungsweisen“ nennt). Es gibt Spinoza zufolge zwei Arten des Schließens: erstens von einer Wirkung auf eine Ursache, zweitens von einer Ursache auf die Wirkung. Das erste Schlussverfahren, das nach Spinoza zu inadäquaten Ideen führt, behandelt er schwerpunktmäßig im TIE, das zweite, das adäquate Erkenntnis hervorbringt, in der *Ethik*.

Auf die Ratio rekurriert Spinoza im TIE als „dritte Weise des Erkennens“ (die ersten beiden Weisen, „Hörensagen“ und „unbestimmte Erfahrung“, ordnet er der Imaginatio zu, vgl. TIE 19). Entweder werde bei ihr von einer Wirkung auf eine Ursache geschlossen, oder es wird ein Schluss aus einem Allgemeinen gezogen. Doch auch durch dieses Schlussverfahren wird die Essenz einer Sache laut Spinoza nicht auf adäquate Weise erschlossen (ebd.). Später schreibt Spinoza im TIE, von dieser Erkenntnisform ließe sich

> in bestimmter Hinsicht sagen, daß wir mit ihr die Idee der Sache haben, und ferner, daß wir (mit ihr) auch ohne Gefahr des Irrtums schlußfolgern; aber dennoch wird sie für sich allein nicht das Mittel sein, unsere Vollkommenheit zu erlangen. (TIE 28)

Diese „bestimmte Hinsicht“, in der man mit ihr die Idee einer Sache haben kann, spezifiziert er in TIE 21:

> Nachdem wir klar wahrgenommen haben, daß wir einen so beschaffenen und keinen anderen Körper empfinden, dann, sage ich, schließen wir klar, daß die Seele mit dem Körper vereinigt ist und daß diese Einheit die Ursache einer solchen Empfindung ist. Doch

was jene Empfindung ist und was die Einheit ist, können wir daraus nicht absolut begreifen. (Ebd.)

Aus einer klaren Wahrnehmung der Empfindung des Körpers lässt sich also die Einheit des wahrnehmenden Dings, der Seele (später: Geist) und des wahrgenommenen Dings, des Körpers, schließen. Die Ratio wird eingesetzt, um aus der Wahrnehmung einer Sache einen Schluss auf die bedingende Ursache zu ziehen. In dieser Weise des Schließens durch die Ratio erkennt der Mensch aber nicht, „was es heißt, etwas zu erkennen" (TIE 22), hat also keine Einsicht in die Bedingungen seiner Erkenntnis und erkennt sich somit selbst nicht.

Doch Spinoza hatte lediglich eingewendet, die Ratio werde „für sich allein nicht das Mittel sein, unsere Vollkommenheit zu erlangen" (TIE 28, vergleiche oben). Das bedeutet, sie ist ein Mittel, Vollkommenheit zu erlangen – aber dafür muss die Scientia intuitiva, die Einzeldinge in ihrer Besonderheit erkennt, bereits vorausgesetzt sein, wie ich später zeigen werde. Dann ist mittels der Ratio eine bestimmte Art von adäquater Erkenntnis möglich. Diese Form der Ratio ist diejenige, die Spinoza im zweiten Teil der *Ethik* aufnimmt. Dort bestimmt er die Ratio als die Erkenntnisweise, die an den Dingen die Eigenschaften erkennt, die allen Dingen gemeinsam sind. Das bedeutet, sie erkennt nicht den Teil der Dinge, der die Essenz ist, denn die Essenz ist nach Eth. II, prop. 37 das, was das je eigene Wesen eines Dinges ausdrückt. Die Ratio richtet sich also auf Allgemeines, nicht auf Besonderes.[26] Daraus folgert Spinoza, dass Erkenntnis

26 Yirmiyahu Yovel irrt sich meines Erachtens, wenn er schreibt, er verstünde „*Ratio* as getting down to scientific detail" (1994, S. 102). Im darauffolgenden Satz verstärkt er diese Interpretation noch, allerdings scheint das Wort „not" zu fehlen, wie das später eingeschobene „nor" verdeutlicht: „Certainly one does [not, KS] need the extraordinary mode of *Scientia intuitiva* to acquire such ordinary results (nor does their acquisition contribute to any unusual mental experience, as Scientia intuitiva is supposed to do)" (ebd.). Seine Einschätzung, für „ordinary results" bräuchte man nur die Ratio, wie auch die Vermutung, für die Scientia intuitiva sei „any unusual mental experience" vonnö-

nach der Ratio notwendig adäquat ist. In Eth. II, prop. 38 schreibt er: „Merkmale, die allen Dingen gemeinsam sind und die gleichermaßen im Teil wie im Ganzen sind, können nur adäquat begriffen werden."

Was bedeutet „adäquate Erkenntnis" in diesem Zusammenhang? Nach Eth. II, prop. 34 heißt adäquate Erkenntnis, eine wahre Idee zu haben. In Eth. II, prop. 41 schreibt Spinoza, dass „die [Erkenntnis] der zweiten [...] [Gattung] notwendigerweise wahr ist". Die Aussage, dass Merkmale, die allen Dingen gemeinsam, also allgemeine sind, nur adäquat zu begreifen seien, scheint aber zunächst der Darstellung im TIE zu widersprechen. Hier heißt es: „Je allgemeiner [...] die Existenz [...] aufgefaßt wird, desto verworrener wird sie aufgefaßt, und desto leichter kann sie einem jeden Ding fiktiv zugesprochen werden" (TIE 55). Es muss aber eine Unterscheidung gemacht werden zwischen den ungenauen Notiones Universales und den adäquaten, nach der Ratio gebildeten Notiones Communes.[27] Allgemeinheit ist demnach nicht an sich ein Garant für Adäquatheit. Vielmehr handelt es sich bei der Darstellung der verworrenen Erkenntnis aus dem TIE um Vorstellung, Imaginatio, die umso leichter einer Sache Existenz zuweist, die ihr nicht zukommt, je allgemeiner, das heißt unspezifischer, eine solche gefasst ist.

Die Allgemeinheit, welche die Ratio notwendig adäquat erkennt, ist aber eine andere; keine Ungenauigkeit, sondern die Nichtindividualität bestimmter Merkmale, die sie als einen unendlichen Modus charakterisieren. Was sind nun solche Merkmale? Nach Eth. II, lem. 2 kommen alle Körper

ten, müssen vor dem Hintergrund der Erkenntnistheorie Spinozas, wie dieser sie im TIE als auch in der *Ethik* darstellt, zurückgewiesen werden.

27 Karl Jaspers verdeutlicht die Stellung der Notiones Communes im Vergleich zu den Notiones Universales: Die Gemeinbegriffe (Notiones Communes) sind nach ihm die „wirklich gemeinschaftlichen Begriffe, die vollständig und die Grundlage des reinen Denkens sind. Sie treffen das den Dingen in ihrem Gehalt Gemeinsame im Gegensatz zu der verstümmelten Abstraktion des Allgemeinen" (1978, S. 38).

darin überein, dass sie ausgedehnt sind und dass sie sich mit verschiedenen Geschwindigkeiten in Bewegung oder in Ruhe befinden können. Was aber Merkmale sind, die nicht nur allen Körpern, sondern *allen Dingen*, also auch Ideen, zukommen, zeigt Spinoza nicht. Auf die Erkenntnis von Körpern bezogen bedeutet Erkenntnis des Allgemeinen im Sinne Spinozas, Körper in ihrem Körperlichsein, als unendlichen Modus, zu erkennen. Begriffe (*notiones*) können demzufolge in ihrer Ideenhaftigkeit, als unendlicher Modus im Attribut Denken, von der Ratio nur adäquat begriffen werden. Allerdings wird damit noch kein einzelner Körper in seiner Essenz verstanden. Was die Ratio begreift, sind nicht Einzeldinge: Von ihnen sieht die Ratio ab und erkennt stattdessen das Allgemeine in ihnen.

Trotzdem fasst Spinoza unter der Ratio etwas anderes als zum Beispiel wissenschaftliche Gesetze, wenn er schreibt, wir dürften, „solange wir uns mit der Erforschung der (wirklichen) Dinge befassen, nie irgend etwas aus abstrakten Begriffen folgern“ (TIE 93). Hier schreibt Spinoza aber nicht, dass niemals etwas aus Begriffen gefolgert werden darf, sondern dass das nicht geschehen soll, „solange wir uns mit der Erforschung der (wirklichen) Dinge beschäftigen“. Es deutet sich eine dialektische Reihenfolgenverschiebung an: Im TIE stellt Spinoza zunächst die Imaginatio vor, dann die Scientia intuitiva und erst zuletzt die Ratio (TIE 105ff.). Verfehlt die Imaginatio ihr Ziel, das Wesen der Dinge zu erkennen, so wird dieses Ziel mit der Scientia intuitiva erreicht (siehe Abschnitt 3.2.3.). Und erst auf Grundlage dieses Erkennens der Dinge ist adäquate Erkenntnis nach der Ratio möglich. In gewisser Weise geht also die Scientia intuitiva systematisch der Ratio vorweg.[28] Die Scientia intuitiva ist aber die höchste Erkennt-

28 Gilbert Boss (1982, S. 49) hat also meines Erachtens recht, wenn er schreibt, dass die Vernunft das Allgemeine durch das Individuelle begreift, auch wenn es sich weniger um eine instrumentale Verknüpfung als um eine systematische Abhängigkeit handelt. Yovel hingegen legt meines Erachtens den falschen Schwerpunkt, wenn er betont: „The

nisform (Eth. II, prop. 40, schol. 2), weil das Erkennen der Essenz der Dinge höher anzusiedeln ist als das Erkennen von Allgemeinem. Trotzdem können Spinoza zufolge die Dinge, welche die Ratio erkennt, weder mit der Imaginatio (die nichts adäquat erkennt) noch mit der Scientia intuitiva (die nicht auf Allgemeines geht) erkannt werden.

Wenn der Mensch die Abfolge von der ersten zur dritten Erkenntnisart durchlaufen hat, kehrt er zur rationalen Erkenntnisart zurück. Dann wird nicht von einer Wirkung auf die Ursache geschlossen, sondern umgekehrt. Die Ratio ist die Interaktion ermöglichende Erkenntnisform: Röd nennt sie „mittelbar, d. h. diskursiv" (1969, S. 29); auch Yovel zufolge stellt die Ratio eine „diskursive Rationalität" dar (1996, S. 198). Durch die Ratio wird das intuitiv Erfasste interpersonell kommunizierbar: Schließlich benutzt auch Spinoza selbst die Form der Ratio, um seine Theorie darzustellen, nicht die der Scientia intuitiva (Jaspers 1978). Die Scientia intuitiva drückt sich demnach in der Form der Ratio aus.

3.2.3 Scientia intuitiva

Der Gegenstand der Scientia intuitiva ist die Essenz der Dinge. Das Erfassen der Essenz eines Dings ist Spinoza zufolge gleichbedeutend mit dessen Definition (TIE 94). Um eine Einsicht in die Essenz eines Dinges zu bekommen, ist daher nach Spinoza zuerst eine Theorie der Definition notwendig, bevor anzugeben ist, wie der Verstand sich definiert. Spinoza unterscheidet dabei zwischen (vom Menschen) geschaffenen und (vom Menschen) nicht erschaffenen Dingen. Spinozas Beispiel für ein vom Menschen geschaffenes Ding ist das des Kreises, den man nicht adäquat erklärt, wenn man nur zeigt, dass alle seine Punkte gleich weit vom Mittelpunkt entfernt

first thing to notice about the second kind of knowledge is that, indeed, it must always come second" (1994, S. 93), auch wenn Yovel an dieser Stelle den Schwerpunkt darauf legt, dass sie der Imaginatio nicht vorhergeht.

sind. Damit würde man nur eine Eigenschaft aufzeigen. Eine wirkliche Definition liegt vor, wenn man seine nächste Ursache erfasst, also die Bedingungen seiner Konstruktion erklärt. Im Falle des Kreises hieße das: Er werde beschrieben durch „eine beliebige Linie, von der das eine Ende fest, das andere beweglich ist“ (TIE 96), also durch einen Radius – seine Eigenschaften können dabei klar aus der Definition abgeleitet werden. Bei der Definition eines nicht erschaffenen Dings, also zum Beispiel des Menschen selbst, muss demgegenüber jede Ursache ausgeschlossen werden, das heißt „der Gegenstand bedarf zu seiner Erklärung nichts als des eigenen Seins“ (TIE 97).[29]

Adäquate Erkenntnis eines Dinges ist nach Spinoza Erkenntnis seiner Essenz, zu der nicht seine Ursachen innerhalb der Natura naturata gehören; die Scientia intuitiva führt stattdessen im Erkennen der Essenz eines Dings seine Idee nach Eth. II, prop. 45 auf die ewige und unendliche Essenz Gottes zurück. Die wahre Idee begreift demnach nicht von dem Ding, sondern von Gott her. So schließt jede nach der Scientia intuitiva gebildete Idee die Erkenntnis Gottes in sich. Indem die Idee auf Gott zurückgeführt wird, ist sie adäquat, weil sie die Ursache der Idee, Gott, nicht anders als adäquat erkennen kann (nach Eth. II, prop. 46) und durch die adäquate Idee der Ursache auch das Ding adäquat erkennt.

Die Scientia intuitiva geht aus von der Erkenntnis des Verstandes selbst als einem endlichen Modus, der notwendig von Gott hervorgebracht wurde. Indem der Verstand sich selbst erkennt, hat er eine Idee von sich. Was macht diese Idee des menschlichen Verstandes aus? In Eth. II, prop. 13 schreibt Spinoza: „Das Objekt der Idee, die den menschlichen Geist ausmacht, ist der Körper, […] und nichts ande-

29 Hubertus G. Hubbeling versteht Intuition quasi nur aus dem Sprachgebrauch mystifizierend als „deep insights into our life (its meaning, its foundation) […]. I think, however, that this is also more or less Spinoza's position“, obwohl er sich davon distanziert, dies als „mystical knowledge“ zu verstehen (1986, S. 224f.).

res."[30] Der Körper ist also Inhalt der Idee, die den menschlichen Geist ausmacht – der Idee, die der Geist demnach ist. Worin besteht diese Idee? Wie Eth. V, prop. 29, schol. zeigt, ist die wahre Idee eines menschlichen Körpers diejenige, die ihn *sub specie aeternitatis* – unter dem Gesichtspunkt der Ewigkeit – erkennt. Den menschlichen Körper *sub specie aeternitatis* zu begreifen bedeutet, ihn als endlichen Modus Gottes unter dem ewigen Attribut Ausdehnung zu verstehen. Damit erfasst der Geist den menschlichen Körper in zweifacher Verknüpfung: Einerseits – als Teil des unendlichen göttlichen Attributs „Ausdehnung" – in Verknüpfung mit der ersten Ursache Gott, und andererseits – als endlichen Modus unter diesem Attribut – mit den ihn direkt hervorbringenden Ursachen innerhalb dieses Attributs. Diese Idee des menschlichen Körpers ist nach Eth. II, prop. 45 notwendig wahr.

Indem der menschliche Geist die wahre Idee des Körpers hat, erkennt er sich notwendig selbst als Idee dieses Körpers, denn nach Eth. II, prop. 43 hat der Geist, wenn er eine wahre Idee hat, zugleich auch die Idee dieser Idee. Im Erkennen gemäß der Scientia intuitiva erkennt der Mensch also sich – und im Erkennen von sich in der Verbindung mit den ihn umgebenden Einzeldingen auch diese Dinge – in Gott. Die so fundierte Scientia intuitiva setzt demnach mit dem Erkennen des eigenen Selbst an.

Von daher hört Erkenntnis nicht bei der Scientia intuitiva auf, sondern Erkenntnis (*eine* wahre Idee) beginnt bei ihr. Gleichzeitig ist sie damit Spinoza zufolge immer (auch)

30 Aus diesem Lehrsatz folgert Spinoza, „daß der Mensch aus einem Geist und einem Körper besteht und daß der menschliche Körper, so wie wir ihn empfinden, (wirklich) existiert" (Eth. II, prop. 13, coroll.). Dieses Corollarium richtet sich im Besonderen gegen René Descartes' Zweifel an der Realität des Körpers, der bei ihm zu einer Fundierung des Idealismus geführt hatte (Descartes 1993, S. 16ff.). Spinozas „Beweis" des menschlichen Körpers wird in der feministischen Philosophie als Grundlage einer materialistischen Kritik der Körper/Geist-Debatte gesehen, vgl. unter anderem Genevieve Lloyd (1994) oder Moira Gatens (1992, S. 122).

Gotteserkenntnis. Da der Erkennende nach Spinoza in seinem Erkennen teilhat am erkannten Gegenstand, kommt dem Menschen beim Erkennen gemäß der Scientia intuitiva eine besondere Vollkommenheit zu, die aus der Vollkommenheit des Gegenstandes der Erkenntnis, Gott, resultiert. Da der Erkennende in seinem Erkennen teilhat am erkannten Gegenstand, bedeutet Erkenntnis nach der Scientia intuitiva Vereinigung mit Gott.

Indem der Mensch diese Idee bildet, ist er Handelnder, das heißt, er empfindet Freude, die sich auf seine eigene Potentia agendi stützt. Der Affekt der Freude, der daraus resultiert, ist ein sehr starker Affekt (vgl. Balibar 1998, S. 108). Diese Freude ist im Gegensatz zur affektiv begründeten Freude eine stabile. Durch sie kann das mit Affekten verbundene Leiden überwunden werden: Im vierten Teil der *Ethik* stellt Spinoza ein Programm vor, bei dem das Abtrennen der Affekte von ihren äußeren Ursachen und ihre Rückführung auf Gott bewirkt, dass der erkennende Mensch nicht so leicht von anderen – „schlechten" – Affekten affiziert wird (zusammengefasst in Eth. V, prop. 10, schol.). So kann der Mensch mittels der Scientia intuitiva seinen Conatus in Übereinstimmung mit seiner Potentia agendi bringen. Dinge nach der Scientia intuitiva zu erkennen, ist für Spinoza daher gleichbedeutend mit dem anzustrebenden Glück.

3.3 Die Verbesserung des Verstandes

3.3.1 Das Ziel der Verbesserung des Verstandes

Das Ziel, das Spinoza mit der Verbesserung des Verstandes verbindet, ist das eines guten, das heißt glücklichen Lebens. Dieses könne innerhalb der falschen Ideen der Imaginatio nicht geführt werden. Spinoza strebt nach einem Glück, das ihm zufolge in sinnlichem Genuss niemals erreicht werden kann, weil es nicht dauerhaft ist, den Affekten anderer Menschen entgegensteht oder sich mit ihnen überschneiden könnte. Während ein Affekt der Freude, der durch das (zufällige) Zusammenfallen mit dem Affekt eines anderen Menschen entsteht, sich notwendig später wieder in Trauer verwandelt, wie Spinoza im dritten Teil der *Ethik* aus der Instabilität der Affekte erklärt, ist der Affekt der Freude, der aus Erkenntnis resultiert,[31] ein bleibender. Adäquates Erkennen und auch die Erkenntnis des Mangels, den die falschen Ideen der Imaginatio in sich schließen, ist daher mit einem Affekt der Freude verbunden, der größer ist als der Affekt, durch den die inadäquate Idee entstand. Jede adäquate Erkenntnis bedeutet nach Spinoza einen neuen Affekt der Freude. Diese Freude vermag als Ziel menschlichen Lebens zu gelten, weil sie mit anderen Menschen geteilt werden kann. Sie ist nicht darauf angelegt, jemand anderen von ihr auszuschließen, wie es bei der affektiv begründeten Freude der Fall ist. Daher ist Spinoza zufolge das Ziel der Erkenntnis eines, das für alle Menschen gilt, auch wenn viele von ihnen dies noch nicht erkannt haben mögen.

Während schon der Prozess der Verbesserung des Verstandes nach Spinoza selbst Freude beim Erkennenden verursacht, zielt der fünfte Teil der *Ethik* auf einen Zustand der Glückseligkeit ab, die in einer fortwährenden Aktivität des Geistes besteht. Das bedeutet letztlich, dass die wahre Idee Gottes quantitativ erweiterbar ist, und zwar um durch sie erkannte Einzeldinge. Der Mensch erkennt immer mehr Dinge nach der Scientia intuitiva (Eth. V, prop. 24), das heißt, er löst immer mehr Affekte von äußeren Ursachen ab und bezieht sie auf Gott. Dadurch steigert sich seine in sich stabile Freude zur Glückseligkeit. An dieser Glückseligkeit hat der

31 Wenn man den Affekt Spinozas Ontologie zufolge als etwas versteht, das den Körper und den Geist gleichermaßen umfasst, so sind die mit adäquaten Ideen verbundenen Affekte rein geistige. Hier könnte man Spinoza einen noch nicht vollkommen überwundenen Idealismus vorwerfen. Für ihn verlaufen aber die aus adäquater Erkenntnis resultierenden Affekte wiederum parallel mit den Affektionen des Körpers (Eth. V, prop. 1) – was schließlich auch bedeutet, dass der Körper weniger oder überhaupt nicht mehr unter äußeren Ursachen leidet.

Mensch eine innere Freude, die ihn wiederum befähigt, sich stärker vor schädlichem sinnlichen Streben zu bewahren (Eth. V, prop. 42).

3.3.2 Die Möglichkeit der Verbesserung des Verstandes

Im TIE und in der *Ethik* entwickelt Spinoza zwei unterschiedliche Arten der Erkenntnisverbesserung. Mit der Frage, wie Menschen zu adäquater Erkenntnis kommen können, beschäftigt sich Spinoza explizit im TIE. Dort geht er davon aus, dass dasjenige, „worum es im Leben meistens geht und was unter den Menschen, wie deren Taten zeigen, als sozusagen höchstes Gut eingeschätzt wird, [...] sich auf diese drei Dinge zurückführen [läßt]: nämlich auf Reichtum, Ehre und Genußsucht" (TIE 3). Das Streben nach diesen Dingen hindere die Menschen daran, den Geist selbst zu verbessern, anstatt ihn nur funktional zur Erlangung dieser Ziele einzusetzen. Die Methode des TIE besteht darin, die Falschheit der inadäquaten Ideen zu erkennen und so aufzulösen.

Demgegenüber stellt Spinoza weniger ausführlich in der *Ethik* die Art der Erkenntnisverbesserung dar, die darin besteht, anhand einer wahren Idee andere Ideen zu messen (Eth. II, prop. 42f.). Beide Arten der Verbesserung der Erkenntnis bedingen sich meines Erachtens gegenseitig, da der Verstand, um die Falschheit der nach der Imaginatio gebildeten Ideen zu verstehen, bereits von einer adäquaten Idee ausgehen muss.

Die von Spinoza im TIE vorgestellte Methode zur Verbesserung des Verstandes gliedert sich in zwei Aspekte. Einerseits soll die Wirkungskraft des Verstandes in bestimmten Bereichen eingeengt werden, indem er sich nicht stärker als nötig auf die Befriedigung sinnlicher Bedürfnisse richtet, andererseits soll die Richtung des Verstandes auf ihn selbst gelenkt werden: Die „Methode [ist] nichts anderes [...] als die reflexive Erkenntnis oder die Idee der Idee" (TIE 38). Spinoza geht aus von der Imaginatio: Diese muss als unzureichende Erkenntnisform erkannt werden – und die Imaginatio als inadäquat zu erkennen, setzt eine höhere Erkenntnisstufe voraus.[32]

Wie ist dieser Weg möglich von inadäquater zu adäquater Erkenntnis? Die Sicherheit, eine wahre Idee zu haben, besteht nach Spinoza darin, dass man sich ihrer Wahrheit bewusst werden kann. Hat der Mensch eine klare und deutliche Idee, so ist damit gleichzeitig eine Einsicht in ihre Wahrheit verbunden. Am leichtesten ist es für den Menschen, wahre einfache Ideen zu haben. Aber auch einfache Ideen können bereits verworren sein. Die Imaginatio betrifft indes besonders die Form der *Verknüpfung* von Ideen, die bei ihr selbst nicht adäquat ist, da sie keiner systematischen Ordnung folgt, sondern nur der zufälligen Anordnung der Dinge, wie sie sich dem Menschen im Affekt darstellt. Es können also schon einfache Ideen falsch sein; durch falsche Verknüpfung einfacher Ideen können dann zusammengesetzte verworrene – und daher falsche – Ideen entstehen.

Spinoza erläutert verschiedene Formen falscher Ideen.[33] Er betont aber, dass „alle Ideen, adäquate wie inadäquate, mit

32 Moreau stellt auf Grundlage dieses Konzeptes der Verbesserung von Erkenntnis Spinozas dessen historisches Bewusstsein heraus: „Für das gesamte klassische Denken ist die *Geschichte* des Denkens ohne Bedeutung. – Für Spinoza dagegen besitzt sie einen Sinn. Nicht, weil sie ein zu integrierendes Moment darstellt – es gibt keine Macht des Negativen –, sondern weil sie jene zählebige und ständig produzierte Verkettung ist, aus der man sich lösen muß, und um sich aus dieser Kette lösen zu können, muß man sie zunächst freilegen. Notwendigkeit ihrer Produktion, Notwendigkeit ihrer inneren Kohärenz, Notwendigkeit einer Analyse, um sie zu zerstören: Die spinozistische Theorie des Irrtums errichtet gegen die philosophische Traditionen vor und nach Spinoza diese dreifache Materialität“ (1978, S. 82).

33 Im TIE (später in der *Ethik* nicht mehr) unterscheidet Spinoza noch zwischen fingierten, falschen und zweifelhaften Ideen. Ich verzichte hier darauf, Spinozas Darstellung der verschiedenen Falschheiten wiederzugeben, da sie für meine Fragestellung nur geringe Relevanz besitzt. Interessant ist aber, dass Spinoza anhand seiner Definition der zweifelhaften Idee (TIE 77) den gesamten cartesianischen Zweifel an

derselben Notwendigkeit“ folgen (Eth. II, prop. 36, dem.), das heißt, dass es ihm zufolge etwa die von Descartes angenommene Urteilsenthaltung[34] nicht gibt. Falsche Ideen der Imaginatio sind in der Erkenntnistheorie Spinozas aber nicht nur Fehlerquelle, sondern gleichzeitig die Grundlage, auf der eine Verbesserung der Erkenntnis möglich ist. Sie bestehen nämlich nicht nur aus ihrer Falschheit. Dinge sind nach der Ontologie Spinozas bestimmt durch ihre Essenz, die ein ihnen eigenes Positives ist. Eine Essenz kann nach Spinoza nicht in etwas Negativem bestehen, das heißt, in ihr kann es nicht angelegt sein, dass eine Idee falsch ist (Eth. II, prop. 35, dem.). Obwohl also nach der Imaginatio gebildete Ideen falsch sind, kommt ihnen ein eigenes Positives, eine Essenz zu, die nicht in der Falschheit besteht, sondern darin, dass es sich bei ihnen gleichwohl um Ideen handelt. Was an ihnen falsch ist, ist ein „Mangel an Erkenntnis“ (ebd.). Es geht also nicht darum, bestimmte Ideen zu unterdrücken, sondern sie, indem man sie hat, selbst zu verstehen und so zu klareren Ideen zu kommen. Dafür, so stellt Spinoza insbesondere im TIE seine Methode vor, geht der Geist aus von einer „wahren Idee“ (TIE 33), welche die Unterscheidung zwischen ihr und inadäquaten Ideen ermöglicht.

In welchem Verhältnis steht diese „wahre Idee“ zum Geist selbst? In der *Ethik* schreibt Spinoza, es gebe eine Idee, die als erste „das wirkliche Sein des menschlichen Geistes ausmacht“ (Eth. II, prop. 11): die Idee eines „wirklich existierenden Einzeldinges“ (ebd.). Zwischen dieser Idee und allen anderen vom menschlichen Geist gebildeten Ideen kann man also nicht ontologisch unterscheiden. Deutlich wird aber,

der Existenz des menschlichen Körpers kritisiert (vgl. auch Eth. III, prop. 10). Spinoza beweist einhergehend mit der Möglichkeit der Erkenntnis die tatsächliche Existenz der Welt.

34 Descartes hatte postuliert, dass man sich bei Unsicherheit über die Einschätzung eines Sachverhaltes auch des Urteils enthalten könne: „Wenn ich nun nicht klar und deutlich genug erfasse, was wahr ist, so ist klar, daß ich recht daran tue und mich nicht täusche, wenn ich mich nur des Urteils enthalte“ (1993, S. 54).

dass der Geist diese Idee zuallererst *ist*, und danach andere Ideen bildet.

Was für eine Idee ist nun diese erste, die das Sein des menschlichen Geistes ausmacht? Nach Eth. II, prop. 13 ist die erste Idee diejenige des menschlichen Körpers. Im TIE allerdings spricht Spinoza von der „gegebenen Idee des höchstvollkommenen Seienden". Demnach sei es die Idee Gottes, die im Geist „wie ein angeborenes Werkzeug vorhanden" wäre (TIE 38). In der *Ethik* verbindet Spinoza diese beiden Möglichkeiten. In Eth. II, prop. 19, dem. führt er aus, „daß der menschliche Geist den menschlichen Körper nicht erkennt", keine adäquate Idee von ihm hat, sondern ihn nur durch die vielfältige Affizierung durch andere Einzeldinge erkennt.[35] In dieser Wahrnehmung der Affektionen des Körpers allerdings ist, so Spinoza, die Erkenntnis Gottes immer schon eingeschlossen. „Die Essenz des Geistes besteht (nach Lehrsatz 11 des 2. Teils) in einer Erkenntnis, die die Erkenntnis Gottes in sich schließt (nach Lehrsatz 47 des 2. Teils)",[36]

35 Zum Problem des Erkennens des Körpers durch den Geist schreibt ausgehend von diesem Lehrsatz Genevieve Lloyd (1994, S. 18): „The mind is itself a confused idea." Nach ihr wäre also nicht nur die erste Idee, die das Sein des Geistes ausmacht, sondern der Geist selbst verworren. Damit verabsolutiert sie jedoch das „erste" in Eth. II, prop. 11. Denn auch wenn die erste Idee, die den menschlichen Geist ausmacht, eine verworrene ist, so hat doch der Geist Spinoza zufolge eine adäquate Idee Gottes und kann Ideen, die er hat, auf Gott beziehen und durch die Rückführung auf ihre wahre Ursache in Wahrheit überführen (vgl. hierzu auch Bartuschat 1992, S. 111). Lloyd verwechselt demnach die Ideen, die der Geist bildet, mit der Idee, die er selbst ist. So kann sie zu der falschen Einschätzung gelangen, der Geist sei selbst eine verworrene Idee. Nur im adäquaten Erkennen fällt das Haben der Idee mit der Idee, die der Geist ist, zusammen: Da es der Geist ist, der diese Idee hat und somit ihre Ursache ist, muss er, indem er eine adäquate Idee hat, selbst eine adäquate Idee sein, denn aus einer verworrenen Idee könnte laut Spinoza keine wahre folgen.

36 Der Widerspruch, der in der Frage besteht, warum nicht alle Menschen tatsächlich adäquat erkennen, wenn es doch Spinoza zufolge in ihnen immer schon die Idee Gottes gibt, lässt sich nicht im Hinblick

schreibt er in Eth. IV, prop. 37, dem[37]. Diese Erkenntnis Gottes kann nach Spinoza nicht anders als adäquat sein (Eth. II, prop. 46).

Im TIE spricht Spinoza stellenweise von nur *einer* wahren Idee (TIE 33), die Norm ihrer selbst sowie aller anderen Ideen sei. In der *Ethik* heißt es jedoch: „In jedem Geist sind *einige Ideen adäquat* ...“ (Eth. III, prop. 1, dem., Hervorhebung KS), was darauf hindeutet, dass der Geist doch mehrere adäquate Ideen hat, und der Singular („*die* wahre Idee“) im TIE als Pars pro Toto, als: „*jede* wahre Idee“ zu lesen ist. Gäbe es eine einzige – oder: erste – wahre Idee, müsste es die Idee Gottes sein, die nach Spinoza in jeder wahren Idee enthalten ist (Eth. II, prop. 34, dem.) und nicht anders als adäquat sein kann:

> Wenn wir sagen, daß es in uns eine adäquate und vollkommene Idee gibt, dann sagen wir nichts anderes [...], als daß es in Gott, insofern er die Essenz unseres Geistes ausmacht, eine adäquate und vollkommene Idee gibt. (Ebd.)

Und Gott macht genau insofern die Essenz des menschlichen Geistes aus, als dieser Geist sich selbst als Teil der von Gott geschaffenen Natur (Natura naturata) versteht. Hat der Geist eine wahre Idee, kann er sie als Maßstab anderer Ideen benutzen, und sich so selbst über die Mangelhaftigkeit falscher Ideen bewusst werden.[38] Je nachdem, nach welcher Erkennt-

auf seine Erkenntnistheorie, sondern nur mithilfe der Affektenlehre lösen. Die Beantwortung dieser Frage liegt nicht in der Bestimmung der Essenz des Menschen, sondern in den Bedingungen seiner realen Existenz.

37 Ebendieser Lehrsatz ist es, von dem ausgehend Spinoza seine Gesellschaftstheorie entwickelt, wie in Kapitel 4 dieser Untersuchung zu zeigen sein wird.

38 Boss wirft ausgehend von diesem Aspekt der Verbesserungsmöglichkeit des Verstandes Spinoza Zirkularität vor: „The difference between departure point, way and end is abolished in a circular movement where the end is already at the beginning. The search for truth must already rest on truth: It is the idea of the idea, the reflection of truth. To

nisweise der Geist eine Idee des Körpers hat, kann er auch eine Idee dieser Idee haben. Erkennt er seinen Körper nach der Imaginatio, hat er keine Idee der Klarheit dieser Idee, das heißt von sich. Mithilfe der Ratio lassen sich Widersprüche und Mängel in falschen, nach der Imaginatio gebildeten Ideen aufdecken. Nur wenn der Mensch sich intuitiv erkennt, hat er demzufolge wirklich eine adäquate und daher auch wahre Idee von sich selbst.

Ist nun auf Grundlage dieser „Verbesserung" der Idee des Menschen von sich selbst nur das „erste, was das wirkliche Sein des menschlichen Geistes ausmacht" (Eth. II, prop. 11) die Essenz des Geistes? Oder formen die Ideen, die der Geist später bildet, auch das „Sein des menschlichen Geistes", ändert sich also seine Essenz mit den Ideen, die er hat? – Eine Veränderung der Essenz ist nach Spinoza sicher nicht möglich. Die Essenz des Geistes, Idee des Körpers zu sein, verändert sich nicht, je nachdem, ob der Geist diese Idee nicht nur *ist*, sondern auch selbst *hat*. Stattdessen lässt sich auf andere Weise aus dem obigen Zitat Spinozas ableiten, wie sich der Geist verändert: in seinem *wirklichen* Sein (*actuale mentis*), das heißt in seiner Existenz, kann sich seine Selbsterhaltungsmacht vom Conatus perseverandi zur Potentia agendi verschieben. Röd (1969) schreibt, dass „sich in der Existenz eines endlichen Seienden seine Wesenheit" aktualisiere. Im Hinblick auf den Menschen müsse daher „das Erkennen als spezifische, das Wesen des Menschen ausdrückende Existenzform gelten" (ebd., S. 41f.).

In der Existenz befindet sich der Mensch innerhalb eines Netzes sozialer Bezüge, das zunächst – innerhalb der Imaginatio – für die Herausbildung der Universales eine besondere Bedeutung besitzt. In seiner Essenz ist aber angelegt, dass der Mensch zu adäquater Erkenntnis und damit zu tatsächlicher Wirkungsmacht (Potentia agendi) gelangen kann. Der vernünftige Conatus ist nichts anderes als das Erkennen (Eth. IV,

make this fact clear, Spinoza stays in a constant dialogue with common sense through the first part of the TIE" (1986, S. 108).

prop. 26), daher ist Gotteserkenntnis die höchste geistige „Tugend“ (Eth. IV, prop. 28).[39]

Dass die Idee Gottes Spinoza zufolge in jedem einzelnen Menschen enthalten ist und nur adäquat begriffen werden kann, deutet darauf hin, dass Erkenntnis nach der Scientia intuitiva nicht erst als letzte Erkenntnisform folgt, sondern bereits jeder adäquaten Erkenntnis zugrunde liegt: Spinoza zufolge ist vor dieser Gotteserkenntnis überhaupt keine adäquate Erkenntnis möglich; diese müsste demnach die erste adäquate Erkenntnis auf jedem Weg des Erkennens sein. Damit findet Erkenntnis gemäß der Scientia intuitiva bereits vor rationaler Erkenntnis statt – sie ist die Grundlage der Möglichkeit eines sich ausweitenden Erkennens.

39 Erkenntnis ist Vereinigung mit der erkannten Sache, daher ist die Erkenntnis Gottes die höchste Vollkommenheit. In KV II, 5/1 bezeichnet Spinoza auch die Liebe als Vereinigung mit der geliebten Sache, daher kann er in der *Ethik* Erkenntnis Gottes und Liebe zu Gott gleichsetzen. Vgl. hierzu auch Röd (1969, S. 31).

4.
Spinozas Gesellschaftstheorie

Um die Frage zu klären, wie Erkenntnis möglich ist innerhalb gesellschaftlicher Beziehungen beziehungsweise von diesen abhängt, muss untersucht werden, auf welche Weise und in welchen Formen Menschen sich vergesellschaften. Dieses Thema behandelt Spinoza in seinen beiden politischen Traktaten. Die politische Theorie Spinozas ist, wie – mit geringerer Brisanz – der Rest seines Werkes auch, eng verknüpft mit seiner eigenen Biographie. Er wuchs als Sohn portugiesischer jüdischer Immigranten in einem der liberalsten europäischen Staaten des 17. Jahrhunderts auf, der aristokratisch geprägten Republik der Niederlande. Nichtsdestotrotz wurde er wegen seiner als gotteslästerlich empfundenen Theorie isoliert und angegriffen.[40] Auch die niederländische reformierte Kirche setzte sich für ein Verbot seiner Werke ein und war damit erfolgreich. Die jüdische Gemeinde der Portugiesischen Synagoge Amsterdams sprach einen Bann über Spinoza aus.[41] Vor diesem Hintergrund ist insbesondere das

40 Die vielfach übernommene These Carl Gebhardts, Spinoza hätte den TP als „Staatsschrift im Sinne der republikanischen Politik Jan de Witts“ (1955) geschrieben, ist falsch, wie Klever 1993, S. 383f., und Manfred Walther in den *Lebensbeschreibungen*, S. 246, belegen.

41 Der Bann, mit dem die jüdische Gemeinde Spinoza im Jahr 1656 belegt hatte (nachzulesen etwa bei Mouch 2003, https://web.mnstate.edu/mouch/spinoza/excomm.html), aktualisierte sich auf geradezu irrwitzige Weise zu Beginn der 2020er Jahre, als der Philosoph Yitzhak Melamed in den Räumen von Spinozas ehemaliger Amsterdamer Synagoge gemeinsam mit einem Filmteam Szenen eines Dokumentarfilms über Spinoza aufnehmen wollte. Der Film „Spinoza: 6 Reasons for the Excommunication of the Philosopher“ des israelischen Regisseurs David Ofek wurde 2022 schließlich ohne Aufnahmen aus den

erste längere Werk Spinozas, der *Theologisch-Politische Traktat* (Tractatus Theologico-Politicus, TTP) zu lesen, den er 1670 wohlweislich anonym veröffentlichte.

Im TTP zieht Spinoza eine konsequente Trennungslinie zwischen Religion und Politik. Religion soll ihm zufolge ausschließlich der Privatsphäre der Einzelnen zugeordnet sein, in der moralische Grundsätze, durch leicht verständliche Gleichnisse ausgedrückt, persönliche Wichtigkeit erlangen können.

Demgegenüber soll die Politik das allgemein Verbindliche sein; der Ort, an dem die Einigung auf gemeinsame Grundsätze und deren Umsetzung stattfindet. Religion soll nach Spinoza auf diese Sphäre keinen Einfluss nehmen.

Im Folgenden geht es vor allem um den zweiten Teil des TTP, der sich vornehmlich mit der Ausgestaltung der politischen Theorie beschäftigt; trotzdem ist es an einigen Stellen hilfreich, auch auf Abgrenzungen zurückzukommen, die Spinoza im ersten Teil vornimmt. Darüber hinaus wird auch die zweite politische Schrift Spinozas, der *Politische Traktat* (Tractatus Politicus, TP), zur Grundlage der folgenden Überlegungen gemacht. Der TP ist erst nach der *Ethik* geschrieben worden und zu Spinozas Lebzeiten unveröffentlicht geblieben, es ist also ein spätes – beziehungsweise das als letztes von Spinoza geschriebene – Werk. In ihr untersucht er verschiedene Staatsformen (Monarchie, Aristokratie, Demokratie) im Hinblick auf die Möglichkeiten ihrer Stabilität.

In diesem Kapitel sollen die beiden Texte hinsichtlich einer systematischen Analyse der politischen Theorie Spinozas verbunden werden. Dabei werde ich zunächst den Begriff der „Gesellschaft“ entwickeln, um dann die Genese des Staates zu untersuchen, den Staat in die Ontologie und Affektenlehre Spinozas einzuordnen sowie auf das von Spinoza formulierte Ziel des Staates einzugehen. Am Ende dieses Teils soll das Prozesshafte des Staates erläutert werden, das dem von

Innenräumen der Esnoga veröffentlicht (vgl. Lombard 2021, Tenorio 2023).

Spinoza dargestellten Staatsbegriff innewohnt, woraus sich die Möglichkeit der Veränderung politischer Gebilde ergibt.

4.1 Gesellschaft, Gemeinschaft, Staat

Gibt es eine *Gesellschafts*theorie Spinozas? Den Begriff „Gesellschaft" (*societas*) benutzt Spinoza in der eingangs zitierten Forderung, man müsse „eine Gesellschaft bilden, die so beschaffen sein sollte, daß möglichst viele Menschen so leicht und sicher, wie es geht, dahin [zur Erkenntnis] gelangen" (TIE 14). Daneben tauchen bei Spinoza die Begriffe „Staat" (*respublica, imperium* oder *politia*), „Gemeinwesen" (*civitas* oder *status civilis*) und „Gemeinschaft" (*commercium*) auf.

Gemeinschaft im Sinne von „commercium" erklärt Spinoza in einer Fußnote im TIE (41): „Eine Gemeinschaft mit anderen Dingen haben, heißt, von anderen Dingen hervorgebracht zu werden oder andere Dinge hervorzubringen." Gemeinschaft hat jedes Ding demnach mit seinen Ursachen und Wirkungen; mit Dingen, mit denen es in Kausalbeziehungen steht oder solche zu ihnen herstellt. Auf den Menschen bezogen heißt das, dass Gemeinschaft besteht mit den jeweiligen Eltern und Kindern sowie mit adäquaten Ideen, die er hervorbringt und von denen er, im Gegensatz zu den inadäquaten Ideen, bei denen er leidet, aktive Ursache ist. „Gemeinschaft" bezieht sich aber auch auf andere Gebiete als gesellschaftliche, nämlich auf alle Ursache-Wirkungs-Beziehungen in der Natur, und ist demnach in Spinozas Terminologie ein weiter gefasster Begriff als „Gesellschaft".[42]

42 Diese Unterscheidung nimmt später Ferdinand Tönnies auf, der sich teilweise auch auf Spinoza beruft (1965; vgl. S. 100, S. 131). Tönnies zufolge beinhaltet „Gemeinschaft" die Aspekte des Lebens, in denen sich eine ideelle, mechanische Verbindung herstellt (Gesinnung, Gemüt, Gewissen), also die „besondere" Seite der Gesellschaft. Die „Gesellschaft" stellt nach Tönnies demgegenüber eine „allgemeine", dem Einzelnen fremde Öffentlichkeit (Konvention, Politik, öffentliche

Der Begriff der *Gesellschaft* wiederum existiert doppelt: Einerseits schließt er an einigen Stellen den Begriff des Staates als *eine* seiner Formen ein, andererseits bezeichnet er etwas vom Staat Verschiedenes, eine besondere Form der Gesellschaft, wie zu zeigen sein wird (vgl. zum Beispiel Eth. IV, prop. 37, schol.: „Eine *solche* Vereinigung [*societas*] [...] heißt Staat [*civitas*]", Hervorhebung KS).

Spinozas Begriff vom *Staat* rekurriert auf Thomas Hobbes' (1996b) Verwendung dieses Begriffs: Hobbes zufolge handelt es sich bei dem bewusst initiierten Staat um ein engeres Konzept als das der ohne zwingende Regeln existierenden Gesellschaft (vgl. hierzu Hobbes 1996b, S. 119).[43] Der Begriff des Staates meint bei ihm und auch bei Spinoza eine ausformulierte, konkrete Form einer Gesellschaft. Während der Staat bei Hobbes jedoch durchgängig als „Leviathan" oder, synonym, „Common-wealth, in latine Civitas" vorkommt (vgl. 1996a, S. 120), findet sich bei Spinoza die schon oben erwähnte Varietät von Begriffen. *Respublica, imperium, politia, civitas* und *status civilis* werden in Spinozas Werk teilweise synonym gebraucht; teilweise werden sie unterschiedlich spezifiziert.

Politia („Staatsverband") ist bei Spinoza der allgemeinste Staatsbegriff, der hauptsächlich darauf hindeutet, dass überhaupt ein geregelter Zusammenhang von Menschen existiert. Spinoza benutzt ihn im fünften Kapitel des TTP (84), in dem er die Vorzüge einer Gesellschaft (*societas*) für den Menschen verdeutlicht: „Die Gesellschaft", heißt es dort,

Meinung) dar. Sie umfasst den Staat. Tönnies' zentrale Frage ist dabei, inwieweit Gemeinschaft in Gesellschaft übergeht und sich dabei selbst auflöst. Sein Begriffsverständnis hat sich vor allem in der Soziologie durchgesetzt.

43 Für Hobbes bilden auch *im* Staat wiederum Bereiche ohne zwingende Regeln die Orte, an denen persönliche Freiheit möglich ist (1996b, S. 145ff.).

ist überaus nützlich und höchst notwendig, nicht nur um vor den Feinden in Sicherheit zu leben, sondern auch um bei vielen Dingen eine Ersparnis zu erzielen. Denn wollten die Menschen sich nicht gegenseitig Hilfe leisten, so würde es ihnen an Geschick und Zeit fehlen, sich nach Möglichkeit zu erhalten und zu ernähren [...]. Wir sehen ja, daß alle, die ohne Staatsverband [*politia*] barbarisch leben, ein elendes, fast tierisches Leben führen.

In TP III, § 1 gibt Spinoza eine genaue Abstufung der Begriffe *imperium, civitas, status civilis* und *respublica*:

Derjenige Zustand, in dem es irgendeinen Staat [*imperium*] gibt, wird „staatlicher Zustand" [*status civilis*] genannt, der Körper des ganzen Staates [*imperium*] „Gemeinwesen" [*civitas*], und die öffentlichen Aufgaben, die der Leitung dessen unterliegen, der die Regierungsgewalt in den Händen hält, heißen „Staatsgeschäfte" [*respublica*]. (Ebd.)

Die Begriffe *civitas* und *status civilis* – an anderer Stelle teilweise auch übersetzt mit „Gemeinwesen" – werden, entgegen der von Spinoza im TP gegebenen Definition, von ihm auch synonym mit *politia* gebraucht, sie umfassen alle drei von ihm im TP dargestellten Regierungsformen.

Imperium ist demgegenüber ein bestimmter, ausdifferenzierter Staat, oder auch dessen Regierung. In jedem Fall wird dort Herrschaft (auch selbst *imperium* oder *summas potestas*) ausgeübt, sei es durch eine Person oder durch mehrere.

Den Begriff *respublica* benutzt Spinoza hauptsächlich im TTP. Dieser Begriff, der ja eigentlich mit „Gemeinwesen" übersetzt werden müsste (im TTP: „Staat") betont dort den Gegensatz zur Religion, die nach Spinoza keine „öffentliche Sache" ist, sondern der privaten Sphäre zugehört.

Der Begriff der Gesellschaft (*societas*), der zuerst im TIE eingeführt wurde und im TTP (allerdings in dem Teil, der die Religionskritik zum Inhalt hat) wieder aufgenommen wird, umfasst demnach diese fünf Begriffe, die Spinoza für „Staat" benutzt. Die Gesellschaft wird aber insbesondere in der *Ethik* (Eth. IV, prop. 37, schol. 2) als etwas doppelt Bestimmtes dargestellt. Röd schreibt dazu:

Hier wird offensichtlich der Staat (civitas) als Unterart der Gattung „societas" aufgefasst, unter welche ausser ihm nur noch die Gemeinschaft freier Menschen fällt, jedoch so, dass „Staat" und „Vernunftgemeinschaft" einander ausschliessende Begriffe sind. (1969, S. 44)

Diesem Verständnis nach meint „Gesellschaft" etwas über den Staat Hinausgehendes, nämlich die gesuchte Form des Zusammenlebens: einen Verbund, der von Menschen gebildet werden soll mit dem Zweck, dass möglichst viele Menschen in ihr zu Erkenntnis gelangen können.

Spinoza hat keine explizite Gesellschaftstheorie geschrieben; stattdessen liegt eine umfangreiche Staatstheorie vor. Bevor ich eine explizite Trennung von Spinozas Konzeptionen des Staates und der „Vernunftgesellschaft" vornehme, werde ich im Folgenden allgemeine Aussagen über den Begriff der Gesellschaft aus der Gesamtheit der Staatsformen extrahieren, die Spinoza in seinen politischen Traktaten ausführt, sowie aus einzelnen Textstellen der *Ethik* und des TIE.

4.2 Der Staat in der Theorie Spinozas

4.2.1 Die Genese des Staates

Spinoza stellt in seinen beiden politischen Schriften zwei verschiedene Möglichkeiten der Konstitution eines Staates vor: einerseits als Vertragsschließung (TTP), andererseits als Errichtung einer Regierung durch Macht (TP). Während die Vertragstheorie von freien Individuen ausgeht, betont der TP in der Fundierung des Staats durch Macht den Zwang, den der Staat ausübt. Da aber in Spinozas Philosophie Recht und Macht Ausdruck derselben essenziellen Bestimmung des Menschen sind, stehen die beiden Theorien sich nicht unvereinbar gegenüber. Ich werde im Folgenden die im TP dargestellten Aspekte aufbauend auf die im TTP ausgeführte Vertragstheorie untersuchen.

Im TTP führt Spinoza zwei Ursachen für die Errichtung eines Staates an: zum einen das Streben nach Erkenntnis, das erst in der sozialen Übereinkunft mit anderen verwirklicht werden kann, zum anderen die Ermöglichung eines sicheren Lebens. Ersteres kann auch als Verwirklichung der Potentia agendi, Zweiteres als Umsetzung des Conatus perseverandi verstanden werden. Die Gründung einer Gesellschaft ist in einer Gemeinsamkeit aller Menschen angelegt: Es gibt „keinen Menschen, der nicht soweit wie möglich sicher und ohne Furcht zu leben wünschte", schreibt Spinoza im TTP 14, S. 234. Das sei aber ausgeschlossen, „solange jeder alles nach Belieben tun darf und der Vernunft nicht mehr Recht eingeräumt wird als dem Haß und dem Zorn" (ebd.). Ohne wechselseitige Hilfe müssten die Menschen zudem „höchst elend und ohne Pflege der Vernunft leben" (ebd., S. 234f.), schreibt Spinoza und beruft sich dabei auf das fünfte Kapitel des TTP, in dem er die oben vorgestellten Vorteile einer Gesellschaft heranzieht. Einerseits also bedeuteten Hass und Zorn, dass jede:r in Angst leben müsse, andererseits spare gegenseitige Hilfe den Einzelnen Kraft und Zeit, die dann unter anderem auch für geistige Tätigkeiten einsetzbar würden. Um sowohl sicher als auch gut zu leben, so schließt Spinoza, mussten die Menschen sich notwendig vereinigen, wodurch sie „das Recht, das von Natur jeder zu allem hatte, nun gemeinsam besitzen" (TTP 14, S. 235).

Obwohl es daher rationale Gründe gibt, die für den Staat sprechen, betont Spinoza, dass dieser „nicht den Lehrsätzen der Vernunft" entnommen werden könne, sondern „aus der gemeinsamen Natur oder Verfaßtheit des Menschen" hergeleitet werden müsse (TP I, § 7). In Anlehnung an Hobbes (1996a) formuliert Spinoza diese Vereinigung als vertragliche Übereinkunft. Nach Spinoza wird im Gesellschaftsvertrag festgelegt, „alles bloß nach der Vorschrift der Vernunft zu leiten" (TTP 16, S. 235), die Begierden nur in dem Maße auszuleben, wie sie niemand anderen schädigen, und für das Recht der anderen einzustehen.

Wie für die Erkenntnistheorie ist auch für die Gesellschaftstheorie Spinozas der Begriff der Macht entscheidend: Die Macht (*potentia*) der Einzelnen wird auf die Gesellschaft übertragen; der Conatus der Einzelnen ist also einerseits in seinem Streben nach Seinserhaltung in der Gesamtheit des Staates aufgehoben, andererseits verzichten die Einzelnen auf bestimmte Ausübungen ihres Conatus. Die Kontrolle darüber, ob alle den Vertrag einhalten, liegt nach Spinoza in dem natürlichen Recht, von zwei Übeln das kleinere zu wählen: Es muss dafür gesorgt werden, dass den Einzelnen aus dem Bruch des Vertrags mehr Schaden als Nutzen erwächst (vgl. hierzu auch Abschnitt 4.2.2.). Also erlassen diejenigen, welche die Regierungsgewalt innehaben, die „höchste Gewalt“ (*summas potestas*), Gesetze, die das dem Staat gemäße Handeln regeln und bei Zuwiderhandlungen Strafen androhen. Wenn die Regierungsgewalt der gesamten Gesellschaft übertragen wird, nennt Spinoza diesen Staat „Demokratie“, eine „allgemeine Vereinigung von Menschen, die in ihrer Gesamtheit das höchste Recht zu allem hat, was sie vermag“ (TTP 16, S. 237f.).[44] Die Regierungsgewalt kann in eingeschränkterer Form auch durch einen König (Monarchie) oder durch eine Gruppe Patrizier (Aristokratie) ausgeübt werden. Durch die Übertragung auf die Gesellschaft führt die Potentia der Einzelnen wiederum zum Recht „auf alles“ bei den Herrschenden (ebd.); sie erlaubt ihnen,

> festzulegen, was gut und böse, was billig und unbillig ist, […], Gesetze zu erlassen, diese, sofern sie in ihrem Sinn strittig sind, in jedem einzelnen Fall auszulegen und zu entscheiden, ob gegebenenfalls eine Handlung dem Recht gemäß geschehen ist oder nicht. (TP IV, § 1)

44 Deleuze zeigt, dass es sich bei der Übertragung der absoluten Macht der Gesellschaft, der die demokratische Herrschaftsform am nächsten kommt, auf einen König oder eine Versammlung eigentlich um einen zweiten Vertrag handelt (vgl. 1993, S. 235).

Diese Regierungsgewalt (*summas potestas*) agiert aber nicht gegen die Potentia der Einzelnen, sondern die Potentia der Einzelnen macht die Potestas des Staates erst aus. Hier operiert Spinoza mit einer Übertragung aus seiner Ontologie: Er schreibt, dass „die gesamte Macht der ganzen Natur nichts ist als die Macht aller Individuen zusammen" (TTP 16, S. 232). Bezogen auf den Staat heißt dies, die Zusammennahme der Macht der Einzelnen sei die „Macht der Menge" (*potentia multitudinis*: TP II, § 17). Dieser positive Rekurs auf „die Menge" hat insbesondere Antonio Negri veranlasst, den TP auf das Demokratiekapitel hin als „absolute geistige und körperliche Form der Herrschaft der Massen" zu interpretieren, die nur unter den Bedingungen der Revolution zu realisieren sei (1981, S. 236). Dementsprechend sieht Negri die Potentia der Menge gegen die *summas potestas*, die Regierungsgewalt, gerichtet: „Die Totalität des spinozianischen Vermögens (Potentia) als Grundlage der Konstitution des Wirklichen durch die Form des Politischen ist nur in einer Weise zu kennzeichnen: gegen die Gewalt (Potestas)" (1981, S. 215, vgl. auch S. 218ff.).[45]

Ausgehend von dieser zugespitzten Gegenüberstellung Negris von Potestas und Potentia möchte ich einen Aspekt aus der Staatstheorie Spinozas hervorheben, der die Übertragung der Potentia der Einzelnen in Hinsicht auf den Gesellschaftsvertrag verdeutlicht: In gewissem Sinne ist die Potestas (Regierungsgewalt) gegen die Bürger:innen gerichtet, aller-

45 Auch Moreau interpretiert Spinoza in dieser Weise, wenn er zu dem Schluss kommt: „Er ist einer der ersten *materialistischen* Theoretiker der politischen Freiheit, die er weder bloß moralisch, noch als Funktion eines normativ definierten gesellschaftlichen ‚Fortschritts', sondern als den Einsatz eines *Kräfteverhältnisses* begreift. Die Macht der staatlichen Zwangsapparate und der Ideologie steht für Spinoza in umgekehrtem Verhältnis zur wirklichen Freiheit des Volkes" (1978, S. 9). Grundlage des politischen Zusammenschlusses ist im 17. Jahrhundert nicht das „Volk" oder die „Nation", sondern die „Masse" oder „Menge" (*multitudo*). Darauf hat Balibar aufmerksam gemacht (1993, S. 207).

dings meines Erachtens nicht gegen die Potentia. Denn wenn man die Ausübung der Potestas als Ausdruck der Potentia der Einzelnen versteht, so ist erstere direkt an zweitere gebunden, das heißt, mit einer Einschränkung der Potentia verlöre auch die Potestas ihre Macht.[46] Daher verstehe ich Spinozas Konzept der Potestas als Gewalt, die ausschließlich gegen bestimmte Formen der *Auslebung des Conatus* gerichtet ist, die Einzelnen aber in ihrer Potentia, das heißt auch in ihrer Fähigkeit zu erkennen, nicht einschränken darf und kann.

Manchmal aber erstreckt sich der Staat auch Spinoza zufolge „auf die Geister" (TTP 20, S. 299). Von einer solchen Herrschaft sagt Spinoza, „eine Regierung [wird] als Gewaltherrschaft angesehen, wenn sie sich auf die Geister ausdehnt [*in animos est*]" (ebd., lat.: Op. I, S. 601). Ein Staat, der *in animos est*, ist demnach eine Gewaltherrschaft, die Spinoza zufolge nicht mehr die Kriterien des Staates erfüllt, die Sicherheit der Einzelnen zu befördern und ihr Glück zu ermöglichen. Eine solche führt demnach dazu, dass der Staat als Staat aufhört zu existieren. An anderer Stelle hatte Spinoza allerdings festgestellt, dass „der die größte Herrschaft [hat], der über die Herzen [*animos*] der Untertanen gebietet" (TTP 17, S. 250, lat.: Op. I, S. 503). Hier müssen entweder zwei verschiedene Dinge gemeint sein (Geister beziehungsweise Herzen), oder aber die vollständige Durchsetzung der Herrschaft bedeutet gleichzeitig immer schon ihren Missbrauch. In der deutschen Übersetzung ist zwar ein Bedeutungsunterschied festgehalten; dagegen möchte ich argumentieren, dass es sich trotzdem um den gleichen Sachverhalt handelt, der von Spinoza durch den zweimaligen Gebrauch

46 Zum Verhältnis von Macht des Staates und Untertanen hat Harry Mulisch das meines Erachtens überzeugende Modell der „Goldenen Mauer" vorgestellt, das mit Spinozas Umwandlung von Potentia in Potestas in Einklang steht: Erst die Einteilung in diejenigen, die Macht ausüben, und die, welche beherrscht werden (getrennt durch die „Goldene Mauer"), ermöglicht die Macht selbst (1993, S. 603ff).

des Wortes „animos" ausgedrückt wird, nämlich eine Verbindung des Denkens der Einzelnen mit dem Staat beziehungsweise den Regierenden. Spinoza zufolge würde die Potentia der Einzelnen eingeschränkt, wenn das Denken von außen beeinflusst wird und daher nicht selbst Ursache der eigenen Ideen ist. Das hieße im Endeffekt, dass *jeder* Staat eine Gewaltherrschaft ist, weil er, wenn er zur vollen Durchsetzung gelangt, sich eben immer auf „die Geister" erstreckt.

Doch in Spinozas Vertragstheorie tritt im Unterschied zu der von Hobbes niemand seine Macht unwiderruflich an jemand anderen ab.[47] Laut Spinoza ist jeder Vertrag „nur kraft seiner Nützlichkeit gültig" (TTP 16, S. 236), das heißt, wenn der Gesellschaftsvertrag seine Nützlichkeit für die Einzelnen verliert, wird er ungültig. Büßte also der Staat mit der Eindämmung der Potentia der Einzelnen seine Nützlichkeit ein, würde der Gesellschaftsvertrag ungültig; der Staat hörte daher auf zu existieren.

4.2.2 Staat und Affekte

Menschliche Affektivität spielt für Spinozas Staatstheorie eine zentrale Rolle: Wie im dritten Teil der *Ethik* gezeigt wird, bildet sich die Affektivität wesentlich in der Orientierung des Individuums an seinen Mitmenschen heraus, mit denen er sich auch zum Staat zusammenschließt. Es ist von einer Vielzahl endlicher Einzeldinge umgeben, von denen in erster Linie andere Menschen die Dinge ausmachen, auf die sich die Begierden richten. „Negative" und „positive" Affekte[48] wie Liebe, Zuneigung, Gunst oder Hass, Neid und Zorn haben andere Menschen als Grund oder zum Ziel, und Affekte anderer können wiederum Affekte bei den Einzelnen auslösen. Furcht vor Hass und Zorn ist der (selbst durch

47 „Nicht Übertragung der Rechte, sondern ihre kollektive Konstitution", verdeutlicht Negri (1981, S. 222).

48 Spinoza trifft die Unterscheidung zwischen solchen Affekten, die mit Freude, und solchen, die mit Trauer verbunden sind.

Hass und Zorn verursachte) Affekt, den Spinoza im TTP als Grund anführt, sich zu einem Staat zusammenzuschließen (siehe oben). Der Staat regelt das affektive Leben der Einzelnen durch seine Gesetze; er schafft damit die Affekte aber nicht ab. Daher befindet er sich Spinoza zufolge in der Mitte zwischen dem „Gesetz der Begierde“ und dem „Gesetz der Vernunft“; beide haben laut ihm im Staat ihre Berechtigung:

> Dabei erkenne ich keinen Unterschied an zwischen Menschen und anderen natürlichen Individuen, auch nicht zwischen vernunftbegabten Menschen und anderen, die die wahre Vernunft nicht kennen, noch zwischen Blödsinnigen oder Geisteskranken und geistig Gesunden. Denn was jedes Ding nach den Gesetzen seiner Natur tut, das tut es mit höchstem Recht, weil es nämlich handelt, wie es von der Natur bestimmt ist, und nicht anders kann [...]. Das heißt also: wie der Weise das höchste Recht hat zu allem, was die Vernunft vorschreibt, also nach den Gesetzen der Vernunft zu leben, so hat auch der Tor und wer ohnmächtigen Geistes ist, das höchste Recht zu allem, was seine Begierde ihm rät, also nach den Gesetzen der Begierde zu leben. (TTP 16, S. 233)

Der Staat ist der Ort, an dem der adäquat erkennende „Weise“ wie der „Tor“, der nur gemäß der Imaginatio lebt, das gleiche Recht haben, nach ihrem Gutdünken zu leben – allerdings unter Verzicht auf solche Handlungen, die im Staat verboten sind. Die Regierungsgewalt unterbindet nicht die Affektivität, wohl aber die Auslebung bestimmter Affekte.

In Eth. IV, prop. 54, schol. schließt Spinoza diese Funktion des Staates an die Erfahrung an: „Schrecklich ist der Pöbel, der nichts fürchtet.“ Ermöglicht wird die Unterdrückung solcher „schrecklichen“ Handlungen durch eine Trennung von Denken und Handeln, die das Denken unangetastet lässt, das Handeln gemäß den Gedanken, die man hat, aber einschränkt. Bei der Übertragung der Macht auf eine gemeinsame Regierung wird daher „auf das Recht, nach eigenem Beschluß zu handeln, verzichtet, aber nicht auf das Recht zu denken und zu urteilen“ (TTP 20, S. 301f.). Der Verzicht bezieht sich sowohl auf affektive Handlungen, die nach staatlichen Gesetzen sowie vernünftigem Denken gemäß sanktioniert sind, als auch auf Handlungen, die vernünftigem Denken gemäß wären, sich aber gegen den Staat wenden würden.

Diese Teilung scheint im Widerspruch zum ontologischen Parallelismus Spinozas zu stehen: Handlungen müssten eigentlich notwendig aus bestimmten Affekten resultieren, da nach Spinoza Ideen wie materielle Dinge mit der gleichen Notwendigkeit aus demselben Ursprung, Gott, folgen. Spinoza geht über den cartesianischen Idealismus hinaus, indem er nicht die Unterdrückung von Affekten durch geistige Kraft propagiert, sondern sowohl der geistigen als auch der körperlichen Sphäre eine eigenständige Berechtigung einräumt. Die zwei Sphären sind wiederum über den Parallelismus – der Affekt umfasst beide Ebenen – eng miteinander verknüpft. Das Unterlassen einer Handlung, so wie es aus Spinozas System folgt, liegt nicht in einem Verzicht auf die materiell sich äußernde Seite eines Affekts aus freiem Willen, sondern darin, dass die Verbote der Regierungsgewalt selbst Affekte in der einzelnen Person verursacht, die bewirken, dass unverträgliche Handlungen unterlassen werden. Dies wird erreicht, indem über Gesetze das Ausleben solcher Affekte mit einer Strafandrohung versehen wird, die einen stärkeren Affekt bei den Einzelnen auslöst, das Ausleben zu unterlassen, als den, es zu unternehmen. Auf der einen Seite befindet sich der Staat also auf einer Ebene, die bestimmte Affekte beziehungsweise ihr Ausleben unterbindet. Auf der anderen Seite ist der Staat selbst wiederum an die Affektivität gebunden. Die Furcht, die er den Menschen vor potenziellen Straftaten einflößt, garantiert sein Bestehen (vgl. hierzu auch Abschnitt 4.2.3). Der Staat arbeitet also bestimmten affektgesteuerten Handlungen mit gewissen anderen Affekten, die er beim Menschen auslöst, entgegen.

Dementsprechend weist der Staat über die Imaginatio der Einzelnen in einer Weise hinaus, die ein Zusammenleben innerhalb des Staates garantieren soll. Die Ordnung dieses

Zusammenlebens lässt sich als „rational" fassen, allerdings im nichtspinozistischen Sinne: Ihr liegt keine intuitive Erkenntnis zugrunde; sie ist nicht vernünftig, sondern höchstens vernunftgemäß (vgl. auch Bartuschat 1993, S. 76). Gleichzeitig agiert der Staat selbst auch auf der Ebene der Imaginatio, wenn er zum Beispiel Kriege gegen andere Staaten führt; eine Gewaltäußerung, die Spinoza zufolge zu den Rechten des Staates gehört, also legitim ist. Ihr gegenüber ist der Einzelne machtlos, mag er das Treiben noch so sinnlos und unvernünftig finden. Lässt sich die Mehrheit der Bevölkerung von solch einem kollektiven Affekt mitreißen, löst sich wegen einiger Kritiker:innen aber nicht unbedingt der Staat auf, wie er es Spinoza zufolge tun müsste, wenn viele oder alle in ihm unzufrieden sind.

Schließlich kann der Staat auch selbst wiederum zur Ursache von gegen andere Menschen und gegen ihn gerichteten Affekten werden: Aufruhr oder Missachtung von Gesetzen, schreibt Spinoza, seien nicht unbedingt der Bosheit der Untertanen, sondern eher der schlechten Regierungsform eines Staates anzulasten: „Menschen nämlich werden nicht als Staatsbürger geboren, sondern zu ihnen erst gemacht" (TP V, § 2).

Ohne diesen Aspekt genauer auszuführen, deutet Spinoza hier eine bestimmte Sicht auf die Subjektkonstitution an, die von Wechselwirkungen zwischen Individuum und Gesellschaft geprägt ist.[49] Der Staat, der eigentlich bestimmte „negative" Affekte verhindern soll, befördert unter Umständen genau diese Affekte, wenn seine Gesetze „nicht mit genügend Klugheit" (ebd.) entworfen wurden. In diesem Fall,

49 An dieser Stelle geht die spinozistische Politiktheorie durchaus konform mit späteren psychoanalytischen Kulturtheorien von Sigmund Freud (1940) oder Jacques Lacan (1986), weswegen meines Erachtens die Position von Harry Austryn Wolfson, der Begriff „subject" hätte „no meaning at all for Spinoza", falsch ist (vgl. Wolfson 1934, S. 72); das Konzept von „Subjekt" in der Bedeutung von „Ich", „Individuum", „Sprecher:in einer Aussage", die Wolfson impliziert, entwickelte sich allerdings erst im 18. Jahrhundert.

so Spinoza, ist er als Gemeinwesen (*civitas*) nicht zu uneingeschränktem Recht gelangt, das heißt, er entspricht dann eigentlich nicht wirklich der Definition eines Gemeinwesens und besteht daher in dieser Form nicht auf Dauer. Spinoza spezifiziert dieses anzustrebende uneingeschränkte Recht eines Staates als „natürliches Recht". Das natürliche Recht der Einzelnen, das zu tun, was in ihrer eigenen Macht steht, stellt sich erst durch „Rechtsgesetze" her, welche die Menschen sich gemeinsam geben. Die „gemeinsamen Rechtsgesetze" erläutert Spinoza in TP II, § 16ff. so, dass dadurch „alle wie von einem Geist geleitet werden". Das ist nur dann der Fall, wenn die Rechtsgesetze „der Vorschrift der Vernunft gemäß erlassen sind" (TP II, § 21). Bartuschat (1993) hat auf die Problematik dieser Konzeption hingewiesen: Die affektiv geleiteten Staatsbürger:innen stehen einer Gemeinsamkeit („wie von einem Geist geleitet") entgegen, es gibt nur die Quantität der Streben (Conatus) der Einzelnen.

Die sich daraus ergebene Paradoxie von Freiheit und Zwang findet sich auch in den zwei verschiedenen Zielen wieder, die Spinoza dem Staat zuspricht.

4.2.3 Das Ziel des Staates

Spinoza gibt in seinen beiden politiktheoretischen Schriften zwei unterschiedliche Zielsetzungen des Staates: „Der Zweck des Staates ist in Wahrheit die Freiheit", heißt es im TTP (20, S. 301), und „der Zweck eines Staates ist nichts anderes als Frieden und Sicherheit des Lebens" schreibt Spinoza in TP V, § 2. Das letztere Zitat aus dem TP macht die Beantwortung folgender Fragen notwendig: Wie soll dieses Leben aussehen und wie wird seine Sicherheit und sein Frieden gewährleistet? „Frieden und Sicherheit des Lebens" bezieht die Freiheit als Staatsziel, so meine These, einerseits ein, andererseits widerspricht es ihr (vgl. auch Bartuschat 1993).

Die Frage nach dem Lebensziel der Menschen behandelt Spinoza innerhalb der Erkenntnistheorie. Sie mündet im fünften Teil der *Ethik* in die Definition von „Glückseligkeit“ als Tugend, die in Liebe zu Gott besteht. An der Liebe zu Gott haben die Menschen eine innere Freude, durch die sinnliche Lüste gehemmt werden können (Eth. V, prop. 42). Die so definierte Glückseligkeit ist nach Spinoza im Unterschied zu anderen Zwecken, denen Menschen folgen, das einzige, was alle ohne Widerspruch anstreben können – wohingegen über das Sinnliche definierte Ziele immer, zumindest potenziell, im Konflikt mit anderen (Zielen sowie Menschen) stehen. Darin liegt nach Spinoza die Freiheit zu handeln: in der Übereinstimmung des menschlichen Strebens nach Selbsterhaltung mit den vernünftigen Kriterien, wie diese zu erlangen ist. Obwohl diese Freiheit – oder Glückseligkeit – für Spinoza das Lebensziel ist, das für alle Menschen gelten sollte, weichen die tatsächlichen Lebensweisen der Einzelnen davon ab. Jeder tut das, was ihm als das Beste erscheint, und das kann eben auch sinnlicher Genuss sein. Dies ist aus dem in Spinozas Ontologie zugrunde gelegten Conatus perseverandi ableitbar, der bewirkt, dass jedes Ding sich gemäß der ihm eigenen Natur in seinem Sein zu erhalten strebt (vgl. Eth. III, prop. 6). Niemand würde etwas tun, was ihm als weniger vielversprechend als etwas anderes vorkommt, unabhängig davon, ob er Vernunft oder Genuss ansteuert. Obwohl also eine Person, die Genuss anstrebt, nach vernünftigen Gesichtspunkten nicht der eigenen Erhaltung dient, tut sie nach ihren eigenen Kriterien nichts, was ihr entgegensteht. Dem Staat kommt in seiner Funktion, für Frieden und Sicherheit zu sorgen, die Aufgabe zu, Frieden einerseits zwischen den unterschiedlichen Lebenskonzepten von Menschen herzustellen und gleichzeitig Sicherheit für diese Konzepte zu garantieren. Das gewährleistet er nach Spinoza durch die *Stabilität* seiner selbst.

Stabilität ist das vorherrschende Kriterium, nach dem Spinoza im TP die verschiedenen Regierungsformen Monarchie, Aristokratie und Demokratie vorstellt. Es ist für die hier aufgeworfenen Fragen nicht notwendig, die von Spinoza dargestellten Regierungsformen einzeln durchzugehen; wichtig ist vielmehr das sie verbindende Kriterium. Spinoza untersucht, wie ein Staat einzurichten sei, „damit er von dauerhaftem Bestand sein kann" (TP VIII, § 1). Die äußere Bedingung dafür ist nach Spinoza seine Größe – „je mehr Individuen zu einer Einheit in dieser Weise zusammenkommen, um so mehr Recht haben sie alle insgesamt" (TP II, § 15). Gekoppelt an diesen Aspekt des Zusammenkommens ist, dass er nicht auf Gewalt, sondern auf Freiwilligkeit basieren sollte, weil Gewalt bei der Staatsgründung dem Ziel des Friedens bereits widerspricht. Darüber hinaus sollte der Staat insgesamt lieber auf ein positives Ziel als auf eine Drohung ausgerichtet sein. Dieser Schwerpunkt findet sich auch schon im TTP (5, S. 85). Dort führt Spinoza an, dass ein Staat umso besser funktioniert, je mehr die Menschen aus Hoffnung und nicht aus Furcht handeln. Diese Einschätzung widerspricht meines Erachtens Spinozas Argumentationsgang im Großteil des TTP, in dem er dafür argumentiert, dass Religion kein Staatsziel sein, sondern dem privaten Bereich zugeordnet werden solle. Da von religiöser Verheißung eine verbreitete Hoffnung ausgeht, erscheint seine Forderung, die politische Sphäre von der geistlichen vollkommen zu trennen, vor diesem Hintergrund kontraproduktiv. Sie ist vor allem auf Spinozas eigene Erfahrungen, dass die von ihm gewonnenen Erkenntnisse von den geistlichen Repräsentationsorganen sanktioniert wurden, zurückzuführen. Daraus lässt sich schließen, dass ihm zufolge die Erkenntnismöglichkeit der Einzelnen oberste Priorität im Staat genießen soll. Die Entfaltung der Potentia agendi der Individuen steht noch über der (Spinoza zufolge als irrational einzustufenden) Hoffnung, durch die Menschen motiviert sein können, dem Staat zu dienen. Die Stabilität des Staates darf diesem Ziel nach Spinoza nur dienlich, aber niemals abträglich sein, das heißt, die Potestas darf die Potentia nicht einschränken.

Die innere Garantie für Stabilität liegt Spinoza zufolge darin, dass der Staat nicht an Bedingungen, die in ihm selbst liegen, zerbrechen soll. So fällt zum Beispiel die Monarchie beim Tod des Königs im Prinzip zurück in den Naturzustand, weswegen der Faktor, dass nur *ein* Mensch herrscht, für Spinoza eine Unsicherheit darstellt.[50] Obwohl der TP nicht zu Ende geschrieben wurde, lässt sich daher aus Spinozas Argumentationsgang schließen, dass er die Demokratie für die beste der drei Herrschaftsformen hält, weil ihre „Regierungsform ganz und gar uneingeschränkt ist" (TP XI, § 1, vgl. auch TTP 20, S. 307). Im Untertitel des TP heißt es, in ihm würde gezeigt, „wie eine Gesellschaft, deren Regierungsform monarchisch oder aristokratisch ist, eingerichtet werden muß, damit sie nicht in Tyrannei verfällt" (TP, S. 5). Von der Demokratie ist hier nicht die Rede; anscheinend geht Spinoza davon aus, dass bei ihr die Gefahr, in Tyrannei zu verfallen, gar nicht besteht. Auch wenn sich heutige Demokratien von der Demokratiekonzeption Spinozas unterscheiden mögen, hat sich auf sie bezogen diese Überzeugung im Angesicht faschistischer und autokratischer Entwicklungen leider nicht bestätigt.[51] Aus der Uneingeschränktheit der Regierungsgewalt folgt die höhere Stabilität des Staates, durch die er Frieden und Sicherheit garantiert. Ein friedliches und sicheres Leben wiederum bietet die Möglichkeit für die Einzelnen, sich der Erkenntnis zu widmen. Allerdings bedeutet eine „ganz und gar uneingeschränkte Regierungsform" auch, dass der Zwang der Gesetze, die der Staat ausübt, „ganz und gar" ist; das heißt, dass die Einzelnen im besten Fall davor geschützt sind, durch affektive Handlungen anderer beeinträchtigt zu werden, und ihnen dadurch die Beschäftigung

50 Hier wendet sich Spinoza direkt gegen Hobbes, der für einen einzigen höchsten Herrscher plädierte: „Zuweilen gibt es […] in der rein staatlichen Regierung mehr als eine Seele […]. Dies gefährdet das Gemeinwesen." (1996b, S. 280).

51 Man könnte mit Spinoza einen Staat, bei dem trotz demokratischer Regierungsform nicht die Freiheit des Menschen im Vordergrund steht, sondern zum Beispiel despotische oder kapitalistische Interessen, auch als „theokratischen Staat" fassen, der nicht auf Freiheit angelegt ist, vgl. auch Balibar 1998, S. 123.

mit Erkenntnis ermöglicht ist, sie andererseits aber in dieser Erkenntnis begrenzt sind durch die Vorgaben, die der Staat macht: Kommen die Erkennenden zu dem Schluss, dass die Regierung unvernünftig handelt, so dürfen sie Spinoza zufolge dennoch keine dieser Vernunft entsprechenden, aber gesetzlich verbotenen Handlungen unternehmen. Der Staat stellt also gleichzeitig ein Hindernis für eine fortschreitende Erkenntnis dar. Der daraus resultierende Konflikt zwischen Staat und Erkenntnis entspricht auch der Gesamtverortung des Staates innerhalb der Philosophie Spinozas, wie ich im folgenden Abschnitt verdeutlichen möchte.

4.2.4 Die Position des Staates innerhalb der Philosophie Spinozas

Spinozas politische Theorie ist nicht in der *Ethik* ausgearbeitet, sondern in den beiden Traktaten TP und TTP. Dies legt nahe, dass in seiner Philosophie die Politik außerhalb des in der *Ethik* entwickelten Gedankenstrangs angesiedelt ist, der ausgehend von Gott den Menschen definiert, menschliche Affekte analysiert und mit der Definition menschlicher Freiheit schließt. Trotzdem kommt der Politik ein systematischer Ort darin zu, wie insbesondere Matheron (1969) deutlich gemacht hat.

Matheron geht aus von der Affektenlehre im dritten und vierten Teil der *Ethik*. Der dritte Teil stellt seiner Gliederung zufolge das affektive Leben unterschieden in den individuellen (A) und zwischenmenschlichen Bereich (B) vor. Beide gliedern sich ihm zufolge in Grundlagen („fondements", A1 beziehungsweise B1) und Ableitungen („déploiements", A2 beziehungsweise B2) des affektiven Lebens, wobei die Ableitungen sich in der Reihenfolge jeweils an die Grundlagen anschließen, also: A1, A2, B1, B2. Der vierte Teil der *Ethik* nimmt nach Matheron nun diese Ordnung wieder auf, variiert sie aber gleichzeitig. Im vierten Teil wird Matheron zufolge der vernünftige Umgang mit dem in Teil III der *Ethik* vorgestellten affektiven Leben behandelt („la vie raisonnable“), der sich folgendermaßen gliedert: Zunächst stellt Spinoza den grundlegenden („fondements“) vernünftigen Umgang eines Individuums mit den Affekten vor (Eth. IV, prop. 19–28). Matheron nennt diese Gruppe wiederum A1. Die dann folgenden Lehrsätze (Eth. IV, prop. 29–37) beziehen sich auf die Grundlagen des vernünftigen zwischenmenschlichen Umgangs mit Affekten (B1). Die Ableitungen aus dem vernünftigen individuellen Leben behandelt Spinoza in Eth. IV, prop. 65–69 (A2), die Ableitungen aus dem vernünftigen zwischenmenschlichen Bereich schließlich in Eth. IV, prop. 70–73 (B2; vgl. Matheron 1969, insbesondere Kap. 7).

Nach Matheron ist die Politiktheorie genau im doppelten Übergang vom vernünftigen individuellen Leben zum intersubjektiven Bereich und zwischen den Grundlagen und den Ableitungen aus beiden Formen des Umgangs angesiedelt: „La place de la Politique dans le système de Spinoza se trouve-t-elle très exactement ici: entre les groupes A1 B1 et A2 B2. Cette place est indiquée explicitement par le scolie 2 de la proposition 37“ (ebd., S. 283).[52] Matheron zufolge findet sich neben der expliziten Verankerung der politischen Theorie in der Anmerkung 2 zu Lehrsatz 37, Eth. IV eine implizite Fortführung in den Lehrsätzen 41–64, Eth. IV (ebd.). Dieser Einteilung folge ich im Prinzip. Ich würde die Politiktheorie wie Matheron als zentral angelegt in der zweiten Anmerkung zum Lehrsatz 37, Eth IV begreifen, die dann folgenden Lehrsätze bis prop. 64 allerdings eher als „interpersonelle Auswirkungen der Affekte“ einordnen.

Ein systematischer Anknüpfungspunkt der politischen Theorie Spinozas innerhalb des Deduktionsganges der *Ethik* ist meiner Meinung nach vor allem aber auch die Anmerkung zu Lehrsatz 35, Eth. IV, in welcher der Staat explizit an die

52 Bartuschat betont, dass es sich hierbei nur um einen kurzen Abriss einer Politiktheorie „in einer bloßen Anmerkung“ handelt, der somit außerhalb des die *Ethik* kennzeichnenden Deduktionsganges steht (TP, Einleitung, S. VII).

Seltenheit geknüpft ist, mit der Menschen nach der Leitung der Vernunft leben: „Gleichwohl können sie ein isoliertes Leben kaum durchstehen", heißt es dort. Darüber hinaus betont Spinoza in Lehrsatz 73, Eth. IV die Verbindung von Vernünftigkeit und Staat, indem er ausführt, dass aus Erkenntnis nicht etwa folgt, sich außerhalb des Staates zu stellen, sondern sie notwendig den Wunsch nach Zusammenleben mit anderen Menschen mit sich bringt.

Bemerkenswert an der Einteilung Matherons ist, dass ihm zufolge Spinoza die Staatstheorie in der *Ethik* in einer Anmerkung zu genau dem Lehrsatz einführt, der die in der Einleitung dieser Untersuchung zitierte Passage aus dem TIE expliziert – „zu meinem Glück gehört es auch, mich zu bemühen, daß viele andere dasselbe begreifen wie ich" heißt es im TIE (14), und in der *Ethik* schreibt Spinoza: „Das Gut, nach dem ein jeder, der den Weg der Tugend geht, für sich selbst verlangt, wird er auch für andere Menschen begehren und umso mehr, je größer seine Erkenntnis Gottes sein wird" (Eth. IV, prop. 37).[53] Implizit enthalten ist, dass die Menschen, solange sie den Weg der Tugend nicht gehen, kein Interesse daran haben können, das Gut, nach dem sie streben, auch für andere zu wollen, da diese beiden Streben sich widersprächen. In diese gegebene Situation fügt Spinoza seine Staatstheorie ein. Er schließt mit ihr an das natürliche Recht der Einzelnen an, erlittenen Schaden mit eigener Hand zu vergelten und so Affekte mithilfe eines stärkeren Affekts zu hemmen: der Furcht vor einem größeren Schaden, die zu einem Unterlassen des Schädigens führt (Eth. IV, prop. 37, schol. 2). Der Staat beruht auf der Übereinkunft, auf dieses Recht zu verzichten und stattdessen dem Staat das Recht

53 Der Aspekt der Freiheit der anderen in Bezug auf die eigene Freiheit wurde auch von Marx aufgenommen: „In der wirklichen Gemeinschaft erlangen die Individuen in und durch ihre Assoziation zugleich ihre Freiheit" (1981, S. 74); Jean-Luc Nancy fasste den Sachverhalt in einer Lesung folgendermaßen: „Freiheit endet nicht, wo die Freiheit des anderen beginnt, sondern dort beginnt sie" (2000).

zuzubilligen, einem selbst Furcht davor einzuflößen, den eigenen Affekten gemäß zu handeln. Der Staat wirkt Affekten entgegen, weist aber gleichzeitig nicht über sie hinaus: Er hemmt Affekte durch das Hervorrufen anderer Affekte.

So findet sich der Staat in seiner systematischen Verankerung an genau demjenigen Ort, den Matheron der Anlage der Staatstheorie in der *Ethik* zugewiesen hat: einerseits als zwischengeschaltete soziale Übereinkunft zwischen Einzelpersonen, und andererseits als nicht rational, sondern auch selbst nur auf der affektiven Ebene handelndes Ding, das zwar bestimmte Affekte der Einzelnen unterbindet, dafür aber wiederum andere in ihnen verursacht. Der Staat kann also per se niemals ein vernünftiger sein, sondern höchstens relativ vernünftig in Bezug auf die in ihm lebenden Individuen, indem er die dem Zusammenleben diametral entgegenstehenden Affekte hemmt. Deswegen hat die Politiktheorie in der *Ethik* ihren Ort in Teil IV, der überschrieben ist mit „Von menschlicher Knechtschaft" (*De Servitute Humana*), sich also mit Unfreiheit befasst, welcher der Mensch aufgrund der Affekte ausgesetzt ist.

Aufbauend auf dieser Unfreiheit durch Affekte stellt Spinoza in den Lehrsätzen 38 bis 64, Eth. IV bestimmte Aspekte des sozialen Lebens dar. Diese sind hauptsächlich auf das affektive, persönliche Leben bezogen. Da der Mensch Spinoza zufolge leidet, wenn er Affekten unterworfen ist, hebt Spinoza in dieser Darstellung vor allem die Möglichkeit hervor, Affekte nicht zu erleiden, sondern sich von Vernunft leiten zu lassen und so nicht den instabilen, durch Affekte wie Lust und Unlust, Begierde, Furcht und Hass geprägten Zuständen unterworfen zu sein. Statt einem „Übermaß" an lustvollen Betätigungen ausgesetzt zu sein, welches er mit einem „Wahnsinn" (Eth. IV, prop. 44, schol.) gleichsetzt, empfiehlt Spinoza einen mäßigen Genuss (Eth. IV, prop. 45, schol.), der „Sache eines weisen Menschen" sei. Während er insbesondere im TP die Staatsformen ohne ihre spezifischen Auswirkungen auf die in ihnen lebenden Einzelpersonen betrachtet, verweist er hier die Frage nach dem Umgang mit Affekten komplett ins Individuum. Johan Herman Carp schließt daraus, dass Spinoza in der *Ethik* eine „ideale“ Begründung liefert für seine Theorie der Politik, in der von einer „allgemeingültigen [...] Grundlage [...] nicht die Rede“ ist (1923, S. 202f.).[54] Röd (1969) hat die unterschiedlichen Herangehensweisen systematischer miteinander in Beziehung gesetzt, wie im nächsten Teil ausgeführt werden soll.

4.3 Staat und Gesellschaft

Im Folgenden sollen die über den Staat hinausweisenden Aspekte der Gesellschaft verdeutlicht und der Begriff der „Vernunftgesellschaft“ klarer von dem des Staates getrennt werden.[55] „Was würde also im Staat passieren, wenn alle vernünftig wären? [...] Es würde nichts passieren, denn die Menschen würden sich ohne Zwang vertragen, und der Staat würde schlicht nicht existieren!“, hebt Matheron hervor (2000, S. 322). Außer ihm weist insbesondere Röd (1969) auf den selbstständigen Status der Gesellschaft (*societas*) hin. Röd

54 Gioele Solari versucht, dem von Carp festgestellten Unterschied mit einer These der Einheitlichkeit zu begegnen, die besagt, die politische und die ethisch-metaphysischen Konzepte der Gesellschaft würden sich zueinander verhalten wie Innen- und Außenseite einer Sache (1949, S. 152). Demgegenüber möchte ich argumentieren, dass es sich gerade nicht um zwei Seiten einer Sache, sondern um verschiedene, meiner Einschätzung nach sogar gegensätzliche Umgangsweisen handelt.

55 Dabei soll nicht vernachlässigt werden, dass bei Spinoza der Begriff der Gesellschaft von vornherein den des Staates auch enthält – was Röd als „Dualismus“ innerhalb des spinozistischen Systems kennzeichnet. Röd (1969) wählt daher zur Verdeutlichung einer vernünftig eingerichteten Form von Zusammenleben den Begriff der „Vernunftgemeinschaft“, der mir aufgrund der beim Gemeinschaftsbegriff mitschwingenden völkischen Konnotationen jedoch auch problematisch erscheint. Ich werde im Weiteren von „Gesellschaft“, „Vernunftgesellschaft“ oder „vernünftiger Gesellschaft“ sprechen.

entwickelt den Begriff der *societas* bei Spinoza als Konzept einer „Vernunftgemeinschaft“[56], in der erkennende Menschen „durch Teilhabe am geliebten Ganzen“ (ebd., S. 13) an Macht gewinnen.[57] Die vernünftige Gesellschaft steht im Gegensatz zum mit den „Mitteln des Zwangsrechtes“ errichteten und aufrechterhaltenen *Staat* (1969, S. 12). In ihm müssen die Einzelnen Handlungen verrichten, die sie für „unbillig“ halten mögen (TP III, § 5), und im Bedarfsfall gehört es zum Recht des Staates, Krieg zu führen gegen andere Staaten, die „von Natur aus Feinde“ für ihn darstellen (TP III, § 13). In der vernünftigen Gesellschaft herrscht kein Zwang mehr; in ihr stimmen die Einzelnen miteinander überein. Die vernünftige Gesellschaft *besteht* gerade in der Gemeinsamkeit, die Erkennende in ihrem Erkennen haben. Der Staat hingegen hat den Zweck, ein dauerhaftes, bequemes, freies Dasein zu sichern durch Regulierung der interindividuellen Beziehungen mithilfe von Normen, deren verpflichtender Charakter auf den Sanktionen beruht, die der Gesetzgeber festsetzt. Demgegenüber hat die vernünftige Gesellschaft keinen von ihr verschiedenen Zweck (vgl. ebd., S. 33).[58]

56 Vgl. zum Begriff der Gemeinschaft auch Carp (1923), der den „organischen Verbandgedanken“ in Spinozas *Ethik* betont, den er mit dem Begriff des „Eros“ verknüpft. Meines Erachtens ist jedoch die Anwendung des Organismus-Prinzips auf Spinozas politische Theorie nicht haltbar.

57 Diese Bestimmung von „Gemeinschaft“ knüpft an Spinozas ontologische Verwendung des Begriffes an: Gemeinschaft als Kausalverbindung zwischen Dingen. Trotzdem benutzt Röd den Begriff der Gemeinschaft auch im Sinne einer „mit den Mitteln des Zwangsrechtes“ errichteten Gemeinschaft, die der Staat darstelle (1969, S. 12). Diese Benennung bezieht sich allerdings nicht auf Spinozas Gebrauch des Begriffes. Ein Staat erfüllt das Kriterium, dass seine Mitglieder Gemeinschaft miteinander haben könnten, gerade nicht, da affektiv motivierte Menschen nicht Ursache ihrer Ideen sind und daher Gemeinschaft mit anderen Menschen – als einer Übereinstimmung im Sinne Spinozas – nicht hervorbringen können.

58 Um die nähere Bestimmung dessen, was die vernünftige Gesellschaft *ist*, vgl. Kapitel 5 dieser Untersuchung.

Röd geht aus vom Begriff des Naturgesetzes, woraus er den des Rechts ableitet. Ihm zufolge differenziert Spinoza zwischen Gesellschaft und Staat mittels des Gegensatzes von „natürlichem göttlichen Gesetz“ (*lex divina*) und gesetzmäßigem Handeln aus Furcht vor Strafe. Zwar ginge auch der Staat auf die *lex divina* zurück, indem er ein notwendiges Mittel zur Realisation des Naturrechts darstellt, trotzdem bedeutet der Staat, der den Menschen wiederum zu bestimmten Dingen zwingt, für diesen nur ein bedingt freieres Leben als im vorstaatlichen – oder: nichtstaatlichen – Zustand (vgl. ebd, S. 20). Denn nur der Staat hat das Recht, Gesetze zu erlassen, sie auszulegen, Kriege zu erklären und zu beenden (TP IV, §§ 1–3). Deshalb seien die Staatsbürger:innen hauptsächlich fremdbestimmt, sie sind „notwendig alterius juris, da jeder nur insofern sui juris ist, als er die Macht hat, Widerstand zu leisten“ (Röd 1969, S. 23). Folglich gehört Röd zufolge die „volle Befreiung, die in Erkenntnis und Liebe Gottes besteht […], nicht zu den Möglichkeiten des Staates“ (ebd., S. 21). Im Staat sind die Einzelnen ihm zufolge sowohl alterius juris als auch sui juris, unfrei und frei: unfrei im juristischen, frei im ethischen Sinn. Balibar hingegen interpretiert es als die Aufgabe des Staates, dass die Einzelnen sui juris sein können. Demzufolge verändert der Staat seine Aufgabe von der Befreiung äußerer Übel zur inneren Freiheit (vgl. Balibar 1998, S. 120). Beide Deutungen sind meines Erachtens möglich; in der Lesart Balibars wäre dann allerdings die in der *societas* gegebene Freiheit bereits Bestandteil eines Staates – eine positive Staatsbestimmung, die nicht zwingend aus Spinozas Einordnung folgt.

Der Begriff der Freiheit ist bei Spinoza verbunden mit dem Begriff des Naturrechts. Die Freiheit beinhaltet in ihrem ethischen Sinn eine Eigenrechtlichkeit, die auch im Staat nicht aufgegeben wird: das Recht, sich gegen die Einschränkung der eigenen Macht zu wehren. In bestehenden Staaten bedeutet dies letztendlich, dass das Befolgen von Gesetzen grundsätzlich vernünftig ist, weil sie das eigene Fortbestehen garantieren. Diese Bestimmung der Eigenrechtlichkeit als Vernünftigkeit lässt sich nach Röd vom Individuum auf den Staat übertragen: „Wie der Einzelne sui juris sein soll, der seine Vernunft richtig gebraucht, so gilt auch ein Staat dann als sui juris, wenn er auf Vernunft gegründet ist“ (1969, S. 21). Spinoza behandelt diesen Aspekt in TP III, § 7. Dort schreibt er, dass „dasjenige Gemeinwesen am mächtigsten ist und am meisten unter eigenem Recht steht, das auf der Vernunft sich gründet und dadurch sich regiert“. Wenn es aber weiter heißt: „Denn das Recht des Gemeinwesens wird durch die Macht der Menge, die wie von einem Geist geleitet wird, bestimmt“ (ebd.), so geht Spinoza über die Bestimmung des möglichst freien Staates als Urheber von der Vernunft entsprechenden Vorschriften hinaus.

Hier bindet er das Recht des Staates an eine Übereinstimmung, die es im Staat gar nicht geben kann (vgl. hierzu auch Bartuschat 1996, S. 16). Röd meint, Spinoza deute an dieser Stelle im TP eine vernunftgesteuerte Gesellschaft an, die dort aber nicht ausgeführt würde, der Passus geht also Röd zufolge über den Staat hinaus (vgl. 1969, S. 23f.). Denn genau der Punkt, an dem die Menge „wie von einem Geist geleitet“ ist, werde in einem Staat nie erreicht. Staaten könnten sich, so Röd, der Vernünftigkeit nur annähern. Dies würde besonders am Aspekt der Freiheit deutlich: Selbst in der von Spinoza als freieste der von ihm untersuchten Staatsformen hervorgehobenen Demokratie bedeute Freiheit nur relative Freiheit des *populus* bezogen auf den vorausgesetzten Begriff dieser Staatsform, nämlich in der kollektiven Bedeutung von *omnes*. Diese Freiheit sei auch in der Demokratie nicht vorhanden, wenn anstelle der kollektiven Bedeutung der Freiheit die distributive gesetzt wird, also behauptet wird, dass jede:r Einzelne frei sei (vgl. ebd., S. 22). Daher könne, so Röd, der Staat nur ein „Mittel zur Befreiung der Einzelnen“ (ebd., S. 21) sein.

Röds These, dass es sich bei Spinozas Staatskonzeption nur mittelbar um ein gewünschtes Gebilde handelt, wirkt insbesondere vor dem Hintergrund des TTP plausibel. Dort werden die Vorteile eines Staats vor dem rechtlosen Naturzustand hervorgehoben, ohne damit jegliches staatliches Eingreifen zu legitimieren. Gerade aber mit der stärkeren Betonung des Stabilitätsaspektes im TP wird fragwürdig, ob der Staat von Spinoza tatsächlich nur als Mittel angelegt sein kann. Diese Frage wird in Kapitel 5 dieser Untersuchung genauer beleuchtet; ein wichtiges Ergebnis von Röds Untersuchung ist aber, dass die Möglichkeit der Veränderung innerhalb des Staats angenommen werden kann. Letztlich muss man, wenn man der Theorie einer vom Staat zu unterscheidenden vernünftigen Gesellschaft folgt, die Möglichkeit eines Prozesses für gegeben halten, wie im nächsten Teil verdeutlicht wird.

4.4 Gesellschaft als Prozess?

Soll die von Spinoza angedeutete Vernunftgesellschaft in ihrem Gegensatz zum Staat herausgearbeitet werden, so muss betrachtet werden, wie sie sich systematisch zu ihm verhält. Kann es sich um ein zeitliches Nacheinander handeln, oder in welcher Beziehung stehen die beiden Konzepte zueinander?

Spinoza hat seine Gesellschaftstheorie nicht als Abfolge angelegt. Sein Kriterium der Stabilität eines Staates scheint jeder These zu widersprechen, dass sie ein Moment der Auflösung des Staates beinhalten würde. Bartuschat schreibt gar, Spinozas Politikmodell sei „statisch und antirevolutionär“ (TP, Einleitung, S. XXXII). In ihrer Unbewegtheit hat Spinozas politische Theorie aber keinen unrealistischen, utopischen Charakter, wie Adolf Menzel betont:

> Er [Spinoza] will keine Utopie schreiben, sondern die Politik aus den Bedingungen der menschlichen Natur ableiten. Das hindert ihn aber nicht, für eine ferne Zukunft eine Gemeinschaft „freier“ Menschen als Endziel der sozialen Entwicklung ins Auge zu fassen. (1929, S. 313)

Schon dadurch, dass sich die Kritik Spinozas im TTP offensichtlich auf Bestehendes bezieht, nämlich die Niederlande des 17. Jahrhunderts, enthält sie die Möglichkeit ihrer praktischen Anwendung. Schließlich war seine Kritik an der Einmischung in seine Philosophie eine Reaktion auf ihre tatsächlich stattgefundene Einschränkung. Dem stellte Spinoza das Modell eines sich aus der Erkenntnis der Einzelnen fernhaltenden, noch zu errichtenden Staates gegenüber. Spinoza hat aber keinen, der Erkenntnistheorie parallelen, Traktat zur Verbesserung des Staates geschrieben. Dass er dennoch ein Verfechter einer Veränderung bestehender Staaten war, lässt sich aus der Vehemenz seiner Kritik im TTP schließen. Soll Spinozas Staatstheorie nicht nur als bloße Gedankenspielerei konstruiert sein, so müsste zumindest die Veränderung der zu seiner Zeit bestehenden Staaten als intendierte Anwendung in ihr angelegt sein.

4.4.1 Der ontologische Status des Staates

Für die Frage, ob bei Spinoza die Gesellschaftstheorie als Prozess angelegt ist, der eine Veränderung ermöglicht, muss die Frage geklärt werden, was der Staat eigentlich seinem ontologischen Wesen nach *ist*: eine Idee? Ein Affekt? Eine Kausalverbindung wie die „Gemeinschaft"? Eine andere Art von Beziehung? Ein Vertrag? Denn davon hängt ab, ob für Spinoza die Möglichkeit einer wesentlichen Veränderung überhaupt gegeben ist.

Spinoza hat das Problem, was der Staat eigentlich *ist*, weder in seinem philosophischen Werk noch in den von ihm überlieferten Briefen explizit behandelt; implizit scheint er aber an einigen Textstellen dem Staat einen eigenen Conatus perseverandi zuzusprechen, indem er das Recht des Staates an dessen Macht knüpft (vgl. zum Beispiel TP III, § 2). In TP X, § 9 spricht Spinoza gar von einem anzustrebenden „immerwährenden" Staat. Ihn scheint er als etwas gleichsam Natürliches zu bestimmen, wenn er untersucht, ob er „durch eine interne Ursache […] zerstört werden" könne (ebd.). Dinge können sich Spinozas Ontologie zufolge durch den ihnen innewohnenden Conatus nicht selbst zerstören. Auch Balibar weist darauf hin, dass der Staat, wenn er als Ding definiert wird, sich vor allem nicht *durch sich selbst* auflösen kann, also nicht seiner eigenen Veränderung entgegenarbeiten kann, da der ihm eigene Conatus dazu führt, dass er danach strebt, in seinem Sein zu verharren (1985, S. 50). Wenn der Staat über ein eigenes Streben verfügt, müsste man ihm Spinoza zufolge den Status eines eigenen Dings zusprechen, der dazu führt, dass er nicht seiner Essenz nach veränderbar ist – sich also nicht vom Staat zu etwas entwickeln könnte, was im Prinzip kein Staat mehr wäre. Spricht man dem Staat einen dinghaften Charakter zu, so meines Erachtens keinesfalls den eines ausgedehnten Dinges. Auf die Problematik von Spinozas Verweis auf seine Körperlehre in Eth. II, prop. 13 hat Bartuschat hingewiesen (TP, Einleitung, S. XVIIIf.; vgl. auch 1996). Körper teilen sich Bewegungen mit und bilden insgesamt ein größeres Ganzes. Doch diese Lehre ist Bartuschat zufolge nicht auf den Staat zu übertragen; menschliche Individuen sind nicht primär Körper, sondern vorstellende und somit auch geistige Wesen. Vor allem richtet Bartuschat sich gegen die Tendenz Spinozas, den Staat als etwas Ewiges zu sehen: Die in sich gleichbleibende Gestalt des Universums hat Bartuschat zufolge nichts mit der Gestalt eines Staates zu tun, der ein von Menschen hervorgebrachtes Gebilde ist. Die Gestalt der Natur ist ein vermittelter unendlicher Modus, der, aus der Natur Gottes folgend, ewig ist, den endlichen Modi logisch vorausgeht und deren Aktivität immer schon bestimmt. Der Staat geht diesen Modi nicht logisch voraus, sondern ist ihr Resultat, und er ist nicht ewig, sondern, so Bartuschat, „bestenfalls immerwährend", ein in die Zeit fallendes Gebilde und damit zeitlichen Veränderungen unterworfen (ebd.). Matheron hat dieses Problem in der Weise gelöst, dass er nach TP 2, § 17 den Staat als „Macht der Menge" definiert (2000, S. 324): Indem der Staat das jeweilige

Streben der verschiedenen Einzelpersonen auf sich vereint, besteht seine Macht in der Gemeinsamkeit. Allerdings kann man beim Staat nur in Bezug auf seine vertragliche Gründung von Gemeinsamkeit sprechen (siehe Abschnitt 4.2.1. dieser Untersuchung). Der Zwang, den der Staat auf seine Bürger:innen ausübt, ist keine Gemeinsamkeit von ihnen, denn Übereinstimmung kann man Spinoza zufolge nur der Macht nach, nicht der Ohnmacht oder der Verneinung nach haben (Eth. IV, prop. 32, dem.).

Auch bei Spinoza selbst finden sich Ansätze zu einer Verortung des Staates jenseits derjenigen, die ihn als quasi natürliches Ding beschreiben. Ein wichtiger Unterschied zur Ontologie (siehe Kapitel 2 dieser Untersuchung) ist, dass der Staat, unabhängig davon, ob man ihn im Hinblick auf die noch zu bildende vernünftige Gesellschaft oder auch nur mit Blick auf die zu garantierende Sicherheit betrachtet, in jedem Fall mit einem Zweck, einem Ziel verbunden ist. Spinozas Sicht auf das Weltganze ist eine derartige teleologische Sicht zuwider, und es wäre eine offensichtliche Lücke innerhalb der Staatstheorie, wenn er übersehen hätte, dass er hier eine seiner Ontologie widersprechende Teleologie der Natur einführen würde. Im Gegenteil, sein Durchgang durch die verschiedenen Staatsformen Monarchie, Aristokratie und Demokratie im TP zeigt, dass er für die jeweilige Herrschaftsform Wege sah, damit diese „nicht in Tyrannei verfällt“[59] (Brief 84, S. 301). Aus diesen Überlegungen lässt sich die Absicht ersehen, Verbesserungen in schon bestehenden Staaten anzuregen. Ansonsten hätte Spinoza sich auf die Dar-

59 Spinoza rekurriert in seiner Untersuchung der Stabilität der Staatsformen Monarchie, Aristokratie und Demokratie auf Aristoteles. Auch dieser unterschied die verschiedenen Staatsformen im Hinblick auf ihnen drohende Gefahren des Umsturzes: Hauptsächlich die Monarchie droht nach Aristoteles in Tyrannei zu verfallen; bei den republikanischen Staatsformen Aristokratie und Demokratie mit den Zwischenformen Oligarchie und Politie herrscht ihm zufolge ein Überführen in jeweils andere republikanische Verfassungen vor (vgl. Aristoteles 1978b, Kap. VIII).

stellung einer idealen Staatsform beschränken können. Stattdessen enthält der TP Überlegungen, „wie eine [...] Regierung eingerichtet werden muss", damit sie eben „nicht in Tyrannei verfällt" (ebd.). Daraus, dass der Staat Spinoza zufolge auf verschiedene Weisen eingerichtet werden kann, lässt sich schließen, dass er ihm zufolge als Konstrukt gedacht werden muss, das einer Idee folgt, wie ein Haus seinem Bauplan.[60] Das könnte auch nahelegen, dass der Staat Spinoza zufolge eine Idee ist, die Menschen sich aus anderen Ideen bilden. Dann wäre er zwar ein Ding, allerdings kein ausgedehntes – als soziales Gebilde ist er das eben auch nicht unbedingt.

Plausibler erscheint mir aber noch eine Lesart, die man aus der *Kurzen Abhandlung* ableiten kann. Dort heißt es: „Alle Dinge, die in der Natur existieren, sind entweder Dinge oder Handlungen" (KV I, 10/4), wobei ich diesen Satz nicht als paradoxe beziehungsweise tautologische Definition – alle Dinge sind Dinge oder Handlungen, also alle a sind a oder nicht a – lese, sondern als „Alles, was in der Natur existiert, ist entweder Ding oder Handlung". Dabei muss bedacht werden, dass die *Kurze Abhandlung* von Spinoza selbst durch die deduktive Herleitung seiner Prinzipien in der *Ethik* als überholt angesehen wurde, weswegen er den Text auch nicht für die Opera posthuma bestimmte (vgl. Bartuschat in der Einleitung zur KV, S. XXXVf.). In der *Ethik* lautet der entsprechende Satz: „Alles was ist, ist entweder in sich selbst oder in einem anderen" (Eth. I, ax. 1), was man so verstehen kann, dass nur Substanz und Modi existieren. Entweder hat Spinoza nun seine frühere Analyse zugunsten der neuen aufgegeben, oder aber die in der früheren enthaltene Spezifizierung erschien ihm später nicht mehr wichtig. Für Zweiteres spricht, dass es in dem Satz aus der KV heißt: „Dinge, die *in der Natur* existieren" (Hervorhebung KS). Dadurch wird die Substanz (Natura naturans) ausgeschlossen, denn sie existiert

60 Eine ausführliche Untersuchung der Verbindung von Erkenntnis und Staat wird in Kapitel 5 dieser Untersuchung vorgenommen.

nicht *in* der Natur (Natura naturata), sondern schafft selbst diese Natur. Insofern widerspricht das Axiom aus der *Ethik* nicht zwingend der KV, denn die Existenz der Substanz, die in der *Ethik* angelegt ist, wird durch die Bestimmung in der KV nicht ausgeschlossen; gemäß der KV lassen sich demnach auch Handlungen als Modi verstehen. Damit könnte der Staat auch als Handlung gefasst werden, als wiederholter, kontinuierlicher Austausch zwischen Einzelpersonen; das Prozesshafte wäre in dieser Bestimmung in ihm angelegt. Als eine solche Handlung könnte man dann auch den oben schon vorgestellten Staatsvertrag verstehen: nicht als historisches, real oder auch virtuell unterzeichnetes Schriftstück beziehungsweise ausgesprochene Abmachung, sondern als eine durch das Fortbestehen des sozialen Zusammenhangs ständig untermauerte gegenseitige Übereinkunft.

Allerdings taucht in Spinozas Einleitung zum dritten Teil der *Ethik* ein beachtenswerter Vergleich auf: Die meisten Leute, so heißt es dort, betrachteten den Menschen als außerhalb der Natur stehend, „wie einen *Staat im Staat*“ (Hervorhebung KS). Indem Spinoza hier den fälschlicherweise als außerhalb der Natur stehend betrachteten Menschen ausgerechnet mit dem Staat vergleicht, ist aus diesem kleinen Hinweis ableitbar, dass für Spinoza der Staat etwas nicht Natürliches ist, etwas, das tatsächlich außerhalb der Natur steht. Aus dem Vergleich, den Spinoza zieht, lässt sich eine bestimmte Sicht auf den Staat als Ganzen entnehmen: Der Staat ist nicht nur als statisches Ding beziehungsweise gar als unendlicher Modus zu verstehen, sondern kann als künstliches (von Menschen geschaffenes) Gebilde durchaus wiederum als Handlung definiert werden. Damit fällt er in die Kategorie der Entscheidungen, von denen Spinoza in der Affektenlehre schreibt, sie würden nach dem Kriterium der Nützlichkeit abgewogen. Insofern findet sich schon bei Spinoza, was Bartuschat in seiner Kritik des TP postuliert. Er betont in der Einleitung zu dem Werk, dass es „müßig“ sei, „einer am Sichgleichbleiben der Natur orientierten immerwährenden

Stabilität das Wort zu reden, wenn es um die Verfaßtheit eines politischen Gemeinwesens geht" (TP, Einleitung, S. XLII). Staaten *sind* eben, entgegen der Struktur der Natur im Ganzen, die erhalten bleibt, was immer in ihr geschieht, nichts Ewiges,[61] sondern ein Ergebnis menschlichen Handelns,[62] auch wenn ein Gemeinwesen (*status civilis*) schlechthin konstitutiv sein mag für menschliches Sein.

4.4.2 Eintracht und Revolte

Auch wenn die Veränderung des Staats in Spinozas Theorie möglich ist, lehnt er sie offensichtlich, teilweise explizit, ab – „was zuwege bringt, daß Menschen einträchtig [*concorditer*] leben, ist [...] gut, während andererseits [...] schlecht ist, was Formen von Zwietracht herbeiruft" (Eth. IV, prop. 40). Übersetzt man „concorditer" wie an dieser Stelle mit „einträchtig", könnte das auch heißen, dass Spinozas Theorie darauf abzielt, Unzufriedene zum Schweigen zu bringen, übersetzt man es jedoch wörtlich mit „wie aus einem Herzen", drückt sich darin das Ziel tatsächlicher Übereinstimmung aus. Spinoza erklärt diesen Aspekt im TP noch genauer: Das „Leben in Eintracht" zu verbringen, hieße „nicht

61 Tatsächlich reaktionär, weil ontologistisch untermauernd, ist in ähnlicher Argumentationsweise Spinozas Sicht auf die Frauen (TP XI, § 3f.). Vgl. auch Bartuschat, Einleitung zum TP, S. XXXVIIf.: „Die Thematisierung menschlicher Affekte [...] führt hier zur Spaltung der Menge, nämlich zum Ausschluß eines ganzen Geschlechts von der Regierungsverantwortung. [...] Hier hätte Spinoza die Feder aus der Hand legen müssen, auch wenn er nicht gestorben wäre." Spinoza spricht im selben Paragraphen auch „Ausländer[n]", „Knechte[n]" und solchen, die kein „anständiges Leben führen", das Stimmrecht ab.

62 Vgl. Bartuschat (TP, Einleitung, S. XLIf.): Er stellt infrage, dass, wie von Spinoza postuliert, „die Organisationsform unabhängig von den Individuen, die sie tragen, einen Bestand haben könnte, ganz so, wie es die Struktur der Natur im Ganzen ist, die sich erhält, was immer im einzelnen geschehen mag". Bartuschat bezeichnet eine solche „Analogie" als „schief" (ebd.).

bloß durch den Blutkreislauf und andere (physiologische) Funktionen, die allen Lebewesen gemeinsam sind, sondern in erster Linie durch die Vernunft definiert [...], die eine Tugend des Geistes ist und das wahre (menschliche) Leben (ausmacht)“ (TP V, § 5) verbunden zu sein. Wirklich *concorditer*, wie aus einem Herzen zu leben, ist allerdings nur in der vernünftigen Gesellschaft möglich, und die ist, wie oben gezeigt, etwas vom Staat Verschiedenes. Hier soll deswegen untersucht werden, inwieweit Spinoza Veränderung zulässt oder ob er ihr, sei es auf reiner Reformebene oder auch im kompletten Umsturz der Verhältnisse, ablehnend gegenübersteht. Insbesondere soll die Frage beantwortet werden, wie nach Spinoza zu reagieren wäre auf einen nach seinen Kriterien als unvernünftigen Staat zu bezeichnenden Zustand.

Spinozas Konzept der Gleichsetzung von Freiheit und Vernünftigkeit führt zu einer bestimmten Form intentionaler Ethik. Die Frage, warum jemand so handelt, wie er handelt, ist für die (Eigen-)Beurteilung von größter Bedeutung. Spinoza zufolge wäre eine Person umso freier, je stärker sie sich an die Gesetze des Gemeinwesens gebunden fühlt (vgl. TP III, § 6). Affirmiert Spinoza damit jedes konformistische Verhalten?

Im TP verneint Spinoza explizit, dass der Staat tatsächlich unvernünftig sein könnte (vgl. ebd.). Eine vernunftgesteuerte Veränderung im Staat könnte aus dieser Sicht nicht erfolgen. Welche Handlungsoptionen resultieren aber aus Spinozas Staatstheorie, wenn eine Gesellschaft als „Gewaltherrschaft“ zu charakterisieren ist? Das wäre sie dann, wenn sie die in ihr lebenden Individuen auf eine Weise unterdrückt, die diese in ihrer Potentia einzuschränken versucht. Der Gesellschaftsvertrag würde dadurch zunichte gemacht, weil es den Einzelnen nützlicher erscheinen würde, ihn nicht zu befolgen: „Sind die Gesetze indes von der Art, daß sie nicht verletzt werden können, ohne [...] daß zugleich die gemeinsame Furcht der Mehrzahl der Bürger in Empörung umschlägt, dann löst sich [...] das Gemeinwesen auf“ (TP IV,

§ 6). Ebenso löst sich Spinoza zufolge der Staat von selbst auf, wenn er die „Ursachen für Furcht und Achtung“ nicht aufrechterhalten kann (TP IV, § 4). Daher ist es für Inhaber der Regierungsgewalt nicht im Bereich des Erlaubten, „Untertanen zu ermorden, sie auszuplündern, junge Mädchen zu entführen und anderes dieser Art“ (ebd.). Bei Fällen, in denen solche Dinge mittels staatlicher Gewalt passieren, handelt es sich also Spinoza zufolge um eine „Gewaltherrschaft“.

Spinoza wendet sich gegen eine solche Herrschaft, allerdings nicht aus einer moralischen Ablehnung von Gewalt heraus, sondern weil mit ihr keine dauerhafte Regierung möglich ist, wofür er Seneca anführt: „Gewaltherrschaft hat niemand lang behauptet, gemäßigt ist die Herrschaft nur von Dauer“ (TTP 5, S. 84f.). Welche Rolle für dieses Ziel der Dauer eines Staates allerdings die Freiheit zu philosophieren, die in ihm möglich ist, spielt, bleibt bei Spinoza im Unklaren. Denn unter diesem Gesichtspunkt müsste ein ungerechter Staat eigentlich dadurch besser werden, dass er nicht stabil ist, sondern aufhört zu existieren, damit dann ein gerechterer Staat entstünde. Das Ziel der Stabilität hat in der praktischen Bedeutung des Staates für Spinoza offenbar Priorität. Er benutzt die Hilfskonstruktion, von „zwei Übeln das geringere zu wählen“ – „manchmal“ müsse man „auf Anordnung des Gemeinwesens etwas tun“, von dem man wüsste, „daß es der Vernunft widerspricht“, doch „dieser Schaden“ werde „bei weitem durch das Gute kompensiert“, das dem staatlichen Zustand verdankt werden könne (TP III, § 6).

Das Primat der Stabilität ist auch aus Spinozas Vertragstheorie zu ersehen: Auf alle illegalen Handlungen soll verzichtet werden, sogar auf solche, die aus vernünftigen Erwägungen folgen, sich aber gegen den Staat richten würden. Das Bestehen des Staates ist nach Spinoza in diesen vernünftigen Erwägungen immer so enthalten, dass andere Zwecke nachgeordnet sind. Lässt sich demnach Spinoza zufolge eine Gewaltherrschaft nicht vernunftbegründet abschaffen?

Im TTP (16, S. 238) drückt Spinoza die Hoffnung aus, die höchsten Gewalten würden aus Eigeninteresse nicht ganz widersinnige Befehle geben, weil es in ihrem Interesse liegt, ihre Macht zu behalten. Dieser auf die Form eines Staates bezogene Liberalismus resultiert aus Spinozas ontologischem Grundsatz der Beharrlichkeit: Aufgrund des Conatus perseverandi strebt jedes Ding danach, sich in seinem Sein zu erhalten, auch die Machthaber in einem Staat streben also danach, ihre Macht zu behalten. Deshalb würden sie ein Mindestmaß an Vernünftigkeit in ihrem Regieren berücksichtigen, sodass die Individuen in ihm sich auch in ihrem Sein erhalten können. Erst wenn dies nicht mehr möglich ist und die Potentia der Einzelnen von Einschränkung bedroht ist, würden sich die Individuen gegen den Staat erheben. In diesem Fall wäre das aber eine rein affektive Handlung. Könnte sie auch vernunftgemäß sein? Gibt es nach Spinoza demnach einen vernünftigen Gebrauch von Gewalt? Die Frage der Gewalt, zum Beispiel in Form einer Revolte, nimmt Spinoza im TP kurz auf. Er schreibt:

> Durch Zwietracht und Aufruhr, die in einem Gemeinwesen häufig zum Ausbruch kommen, wird [...] niemals bewirkt, daß die Bürger das Gemeinwesen auflösen (wie es häufig bei anderen Arten von Assoziation der Fall ist), sondern nur, daß sie seine Form in eine andere umwandeln. (TP VI, § 2)

Spinoza begründet damit an dieser Stelle im TP, dass die Menschen den staatlichen Zustand (*status civilis*) „von Natur aus [...] erstreben und diesen niemals gänzlich auflösen können“ (TP VI, § 1). Hier scheint es so, dass Spinozas Bestreben, die Frage danach, wie die Dinge sein sollen, an die Erkenntnis davon zu knüpfen, wie Dinge sind, ihn veranlasst, aus dem Sachverhalt, dass der staatliche Zustand von Menschen niemals vollständig aufgelöst werden kann, die Forderung abzuleiten, dass dies auch nicht erfolgen soll. Denn zumindest klingt hier die Möglichkeit an, dass, wenn es möglich wäre, den staatlichen Zustand gänzlich aufzulösen, dem Aufruhr eine bestimmte Berechtigung zukäme. Diese Lesart wäre im Einklang mit Röd (1969, S. 26), der betont, dass die staatliche Ordnung prinzipiell eine Zwangsordnung darstelle. Denn das entscheidende Moment der Staatsgewalt ist ihre Macht, die Befolgung der Gesetze zu erzwingen, wozu sie auch ein volles natürliches Recht habe. Wenn aber praktisch jeder Staat eine Gewaltherrschaft bedeutet, so dürfte es nach Röd keine Beschränkung dessen geben, wogegen man sich im Staat wendet, sondern allein eine des Impulses, der zur Veränderung führen würde. Er bezeichnet den Staat als „Mittel zur Befreiung des Einzelnen" und stellt insbesondere heraus, dass „die Verwirklichung des Ideals der Vernunftgemeinschaft [*societas*] […] gleichbedeutend [wäre] mit der radikalen Beseitigung des Zwangsrechts" (1969, S. 17). Explizit meint die Realisierung einer vernünftigen Gesellschaft Röd zufolge bei Spinoza eine „Überwindung des Staates" (ebd.). Nach Röd wird daher, wenn Freiheit angestrebt wird, generell über den Staat hinausgegangen. Die Freiheit ist dabei allerdings der ausschlaggebende Impuls: Durch die Abschaffung des Staates allein wird nichts besser; wird er aber zugunsten eines wirklich vernünftigen Zusammenhangs aufgegeben, so hat er seinen Zweck erfüllt.

Für das aus der politischen Theorie Spinozas abzuleitende Recht auf Widerstand plädiert auch Matheron (2000): Er macht deutlich, dass der Erkennende Spinoza zufolge keineswegs verpflichtet wäre, „einem Tyrannen zu gehorchen, ganz im Gegenteil", oder darin gehindert werde, „bestimmte Gesetze als ungerecht anzusehen, ganz im Gegenteil". Auf das Verschwinden eines schlechten Staates, so Matheron, wird der Erkennende hinarbeiten, denn

> er weiß, daß dieses Verschwinden auf lange Sicht unvermeidlich ist, daß es auf eine Situation hinauszulaufen droht, die für einige Zeit dem Chaos des Naturzustands gleichkommt, und daß es deshalb besser ist, die Veränderung von vornherein vorzubereiten. […] Alles hängt von den Umständen ab. (Ebd., S. 327)

Das „politische Engagement des Philosophen“ ist daher Matheron zufolge geradezu „unumgänglich“ (ebd.).

5.
Der Mensch in der Gesellschaft

Nach den Untersuchungen über die Erkenntnistheorie und die Gesellschaftstheorie Spinozas, in der einige Querverbindungen schon angeklungen sind, sollen nun systematische Zusammenhänge zwischen den beiden Gebieten aufgezeigt werden.

Dabei thematisiere ich in dieser Untersuchung auch immer wieder das Verhältnis von Individuum und Kollektivität, das sich aber nicht einem der zwei Gebiete zuordnen lässt: Erkenntnis findet nicht losgelöst im Einzelnen statt, sondern die Umgebung, in welcher die Einzelnen sich bewegen, hat Auswirkungen auf sie und umgekehrt. Diese dynamische Bewegung in Bezug auf die Erkenntnis soll im ersten Teil dieses Kapitels untersucht werden. Die Frage nach der Vernünftigkeit der Gesellschaft, die ich darauffolgend behandeln werde, bezieht sich einerseits auf die bestehende Gesellschaft, den Staat. Sie strebt andererseits seine Entwicklungsmöglichkeit an in Richtung einer vernünftigen Form der Gesellschaft. Als Ausblick soll näher betrachtet werden, wie eine Gesellschaft vernünftiger Menschen, wie Spinoza sie andeutet, tatsächlich aussehen könnte.

5.1 Der erkennende Mensch

Aus der Erkenntnistheorie Spinozas lässt sich an mehreren Stellen ersehen, welche Wichtigkeit die Menschen, die sie umgeben, für die Erkennenden haben, und daher auch die Gesellschaft, in der sie leben. Zunächst als affektives Umfeld, in dem die Einzelnen die Denkstruktur der Imaginatio aufbauen; dann aber auch als Gebiet des Handelns, in dem die Erkennenden die Freiheit haben, ihren Verstand zu verbessern; und außerdem als verstärkendes Element, indem Erkenntnis Spinoza zufolge nicht etwas Solipsistisches ist, sondern gemeinsam mit anderen vollzogen wird. Es lassen sich nun Aspekte, die auf das Individuum einwirken (Die Rolle der Gesellschaft), unterscheiden von der Wirkung der Erkennenden auf die sie umgebenden Personen (Die Erkenntnis der anderen).

5.1.1 Die Rolle der Gesellschaft

Das Umfeld der Einzelnen spielt auf zweifache Weise eine bestimmende Rolle für ihren Erkenntnisfortschritt: Zum einen sind sie persönlich affektiv an die sie umgebenden Personen gebunden, zum anderen ist die Beschaffenheit der Gesellschaft, in der die Erkenntnis stattfindet, von entscheidender Bedeutung für die Möglichkeiten, die sich ihnen bei ihrem Streben nach Erkenntnis bieten.

Das affektive Leben ist gekennzeichnet durch eine komplexe Netzstruktur. Diese ist durchwoben von verschiedensten Ursache-Wirkungs-Verhältnissen: Liebe und Hass, ausdifferenziert in die von Spinoza im dritten Teil der *Ethik* dargestellten Verbindungen mit Vorstellungen äußerer Ursachen wie Neid, Habgier oder Mitleid. Die Erkenntnisform, die auf der Ebene der Affektivität operiert, ist nach Spinoza die Imaginatio. Sie wird geprägt durch die affektiven Beziehungen, in denen die Einzelnen sich bewegen, und trägt ausschlaggebend zur Bildung der Notiones Universales bei, die auf ihrer Ebene das Leben der Einzelnen garantieren: Die abstrakten Allgemeinbegriffe ermöglichen ein Wiedererkennen etwa von Gefahrensituationen. Jegliches Lernen durch Ratschläge oder überliefertes Wissen von anderen ist der – unter erkenntnistheoretischen Gesichtspunkten inadäquat zu nennenden – ersten Form der Erkenntnis zuzuordnen. Und dieses „Erste“ lässt sich auch genetisch lesen, denn nach der Imaginatio findet man sich als Kind zuerst in der Welt zurecht.[63] Sie ermöglicht Orientierung für basale Situationen wie zum Beispiel durch den mit der Vorstellung einer äußeren Ursache verbundenen Affekt der Angst, die verhindert, sich einer Gefahr auszusetzen. Dafür hat die Erinnerung eine wichtige Funktion. Sie ist die „Verkettung" (Eth. II, prop. 18, schol.) bereits erlebter oder erzählter Situationen; neue Eindrücke werden demnach über die Abstraktion, welche die Einzelnen in den Notiones Universales vornehmen, vergleichbar gemacht. Einem Römer, so geht Spinozas Beispiel, werde bei dem Gedanken des Wortes „pomum" sofort der Gedanke der Frucht einfallen, obwohl diese mit dem artikulierten Schall keine Ähnlichkeit hat – allein die Tatsache, dass dieser oft das Wort gehört hat, während er das Obststück sah, reiche zur Identifizierung aus.

Doch nicht nur das persönliche Umfeld, sondern auch der Staat steuert das affektive Leben. Einerseits implementiert die spezifische Form, die er annimmt, bestimmte Notiones Universales wie die des Standes und der Nation (vgl. hierzu auch Eth. III, prop. 46). Andererseits sanktioniert der Staat eine Reihe von Handlungen, die aus Affekten resultieren können und ihm entgegenstehen. Bei der Auswahl dieser verbotenen Taten gibt es von Staat zu Staat Unterschiede.

In Spinozas Untersuchungen der Staatsformen Monarchie, Aristokratie und Demokratie scheint ein bestimmter zeitlicher Ablauf impliziert zu sein, auf den Spinoza aber nicht näher eingeht. So kann er das Problem der Unterschiede von historisch auf völlig verschiedenen Ansichten dessen, was der Mensch ist, basierenden Systemen wie einer mittelalterlichen Monarchie und einer Demokratie im frühindustriellen Zeitalter nicht fassen – er verlängert die zu seiner Zeit

63 Spinoza schreibt keine psychoanalytische Theorie; trotzdem ist die Interpretation möglich, dass im Prinzip die spezifische Umgebung auch bestimmt, *was für ein* Individuum der Erkennende überhaupt ist; vgl. auch Dok. 90 (*Lebensbeschreibungen*), in dem Spinoza darlegt, wie verschiedene Geister sich den Modi nach unterscheiden.

übliche Sicht auf den Menschen nach hinten und versteht in jedem seiner Staatskonzepte die Einwohner:innen als „Bürger“ (TP III, § 1).

Der jeweilige Staat stellt die Parameter auf, innerhalb derer bestimmte Affekte zur Ausprägung kommen, wie beispielsweise Ruhmsucht, während das Ausleben anderer Affekte unterbunden werden soll, wie bestimmte Formen der Rache, Grausamkeit oder auch Feigheit. Wenn die Politik also als „Hilfsmittel“ fungieren soll, „dessen der Weise auf dem ihm eigenen Weg eines gelingenden Lebens bedarf“ (Bartuschat, TP, Einleitung, S. XVI), so ist vor allem der mäßigende Einfluss des Staats auf den ausschließlich von Affekten Geleiteten als „Hilfsmittel“ anzusehen – für ihn selbst und (gegebenenfalls sogar noch mehr) für andere. Der Staat stellt Gesetze auf, die das Leben der Einzelnen schützen und zum Beispiel Selbstjustiz verbieten. Gleichzeitig zwingt der Staat die affektiv Geleiteten zu einem zumindest äußerlich rationalen Verhalten, das sich mit „vernunftgemäß“ fassen lässt. Um der Vernunft nicht widerstreitend zu handeln, ist es noch nicht notwendig, aus eigener Erkenntnis zu einer solchen Handlungsweise zu kommen, wie Spinoza im Verorten der Religion als Gebot des Gehorsams im TTP zeigt. Der Staat fordert vernunftgemäßes Verhalten, tut aber noch nichts dafür, dass dieses Handeln aus eigener Einsicht erfolgt. Das Mindestmaß, das der Staat zu leisten hat, geht nach Spinoza darüber hinaus. Der Staat darf zuallererst den Wunsch nach Erkenntnis nicht unterdrücken, was Spinoza zufolge etwa im theokratischen Staat der Fall ist. Da dies die absolute Grundbedingung menschlichen Erkennens ist, kommt der von Spinoza im TTP vorgenommenen Trennung von Religion und Philosophie eine derart zentrale Rolle in seiner Staatstheorie zu.

Doch werden vom Staat nicht nur „negative“ – das heißt in diesem Fall: andere respektive den Staat beeinträchtigende – Affekte gesellschaftlich unterbunden. Gleichzeitig steht das Leben in dem Staat, in dem Spinoza lebt, generell bestimmten Sehnsüchten seiner Einwohner:innen entgegen, und zwar durch die vorherrschenden Lebensziele, bei denen der Staat keine Regulation in Richtung eines Erkenntnisstrebens vornimmt. So schreibt Spinoza in TIE 3: „Durch diese drei [Reichtum, Ehre, Genußsucht] wird der Geist so beansprucht, daß er kaum noch an irgendein anderes Gut zu denken vermag."

Ausgehend von TIE 14 muss aber weiter gefragt werden, was eine Gesellschaft leisten könnte, damit möglichst viele Menschen so leicht und sicher, wie es geht, zu wirklicher, intuitiver Erkenntnis gelangen können. Zunächst ist fraglich, ob die Politik dabei überhaupt ein ernsthaftes Hilfsmittel sein kann, oder ob es nicht darum ginge, den Staat als auf der Ebene der Imaginatio stehend zu begreifen und so, analog zum eigenen Verstand, zu verbessern. Die Mäßigungsregeln (TIE 17) zeigen, dass Erkenntnis mit dem gesellschaftlich vorherrschenden Streben im Prinzip nichts gemeinsam hat, auch wenn Spinoza überflüssige Konfrontationen mit „den Leuten" oder „den Sitten des Landes" zu vermeiden trachtet, wenn sie „unserem Vorhaben nicht widerstreiten" (ebd.), und deshalb bestimmte Normen und Umgangsformen als bindend ansieht. In TIE 14–16 gibt er die konkretesten Hinweise, wie der Staat Erkenntnis positiv beeinflussen kann: Damit andere dasselbe begreifen wie er selbst und höchste menschliche Vollkommenheit erreichen, müsse man, außer dass man die Natur in ausreichendem Maße begreift, um Übereinstimmung erlangen zu können, eine Gesellschaft bilden, die so beschaffen sein sollte, dass möglichst viele Menschen so leicht und sicher, wie es geht, zu Erkenntnis gelangen; es sei sich um die Moralphilosophie und Erziehungslehre zu bemühen sowie eine umfassende Heilkunde auszubilden; außerdem dürfe, weil durch die Kunstfertigkeit vieles, was schwer ist, leicht gemacht würde, die Mechanik nicht vernachlässigt werden. Vor allem aber sei ein Mittel zu ersinnen, den Verstand zu heilen und ihn, so weit es zu Anfang geht, zu reinigen.

Während die genaue Untersuchung des von Spinoza angedeuteten systematischen Zusammenhangs der aufgezählten Strategien im nächsten Abschnitt vorgenommen werden soll, soll an dieser Stelle herausgearbeitet werden, welche Funktion die verschiedenen gesellschaftlichen Bereiche auf das menschliche Erkennen haben (können).

Das eigentliche Programm der Verbesserung des Verstandes skizziert Spinoza selbst im TIE, wie später noch zu zeigen sein wird. Mit ihr ist die Schaffung einer Gesellschaft, die dieses Ziel verfolgt, verbunden. Ein Staat, der sich zu einer vernünftigen Gesellschaft hin entwickeln würde, könnte die dann folgenden Bereiche aber auch schon anwenden, wenn er das in ihm vorherrschende Ziel seiner Stabilität mit dem der Erkenntnis vieler ersetzen würde. Die genannten Anforderungsbereiche – Erziehungslehre, Heilkunde und Mechanik – sind Aufgaben, die Spinoza an die Gesellschaft beziehungsweise an den Staat formuliert. Sie gehen über sein eigenes Handeln hinaus, auch wenn er selbst mit seinem späteren Werk der *Ethik* sicherlich einen Beitrag zur geforderten „Moralphilosophie“ leistet.

Da nach Spinoza in den Wissenschaften „all das, was uns nicht zu unserem Ziel voranbringt, als unnütz zu verwerfen sein“ wird (TIE 16), lässt sich schließen, was für Spinoza unnütz ist: jede Art von Beschäftigung mit Themen, die vom Weg der Erkenntnis abführen. Auf die Wissenschaften allgemein geht Spinoza nicht weiter ein, wohl aber deutet er die Aufgaben an, die er in Bezug auf die „Moralphilosophie“ und „Erziehungslehre“ sowie die „Heilkunde“ als vorrangig sieht.

„Moralphilosophie“ und „Erziehungslehre“ hängen eng miteinander zusammen; durch zweitere implementiert eine Gesellschaft unter anderem ihre moralischen Grundsätze im Individuum. Neben der Einhaltung der Gesetze werden hier auch die „Sitten des Landes“ (TIE 17) begründet (Moralphilosophie) und weitergegeben (Erziehungslehre). Daraus, dass man sich um beide Wissenschaften „bemühen“ (TIE 15) muss, wird deutlich, dass die bestehende Situation auf jeden Fall noch nicht zufriedenstellend ist.

Die Wichtigkeit der „Heilkunde“ ist aus den Mäßigungsregeln ersichtlich. Die Erhaltung der Gesundheit spielt für die Möglichkeit des Erkennens eine essenzielle Rolle – nicht zuletzt, weil man ohne zu leben nicht erkennen kann. Eine „umfassende“ Heilkunde sei auszubilden, schreibt Spinoza, was auf einen zeitgenössischen Mangel in der Ausgestaltung dieses Bereichs hinweist. Später bekommt dieser Aspekt in der Körperlehre der *Ethik* einen noch deutlicheren Bezug zur Erkenntnistheorie. Der menschliche Geist sei „umso fähiger“, sehr vieles wahrzunehmen, „auf je mehr Weisen sein Körper disponiert werden kann“ (Eth. II, prop. 14). Das lässt sich zumindest potenziell als ableistisch interpretieren. Auch wenn man diese Stelle so liest, dass es Spinoza um möglichst vielseitige Interaktionen mit anderen Körpern geht, stellt er hier ein tendenziell problematisches Abhängigkeitsverhältnis des Geistes vom Körper her: Der menschliche Körper, heißt es im zugehörigen Beweis, werde auf sehr viele Weisen von äußeren Körpern affiziert und insofern disponiert, seinerseits äußere Körper auf sehr viele Weisen zu affizieren. Der Geist nimmt also mehr Dinge wahr, wenn der Körper auf vielfältige Weisen affiziert wird. Das hieße auch, dass die mit einer solch vielfachen Affizierung des Körpers einhergehende Entfaltung der Imaginatio die Möglichkeit des Erkennens Spinoza zufolge durchaus verbessern kann.

Die Bedeutung der „Mechanik“ schließlich erklärt Spinoza so, dass „durch die Kunstfertigkeit vieles, was schwer ist, leicht gemacht wird, und wir mit ihr viel Zeit und Bequemlichkeit im Leben gewinnen können“ (TIE 15). Daher dürfe sie nicht vernachlässigt werden. „Zeit und Bequemlichkeit“, die auch durch technischen Fortschritt gewonnen werden, stehen also Erkenntnis keineswegs entgegen, sondern befördern sie, weil auf diese Weise zeitliche Kapazität geschaffen wird, sich überhaupt mit dem eigenen Erkennen zu beschäftigen.

Nur an nur sehr wenigen Stellen in seinem Werk deutet Spinoza Fragen der materiellen Verfasstheit einer Gesellschaft an. Seine eigene Arbeit als Linsenschleifer und Optiker, mit der er seinen Lebenserwerb hauptsächlich bestritt, findet keine Erwähnung. In jedem Fall lehnt Spinoza ein Streben nach Reichtum wie das nach „Ehre" und „Genußsucht" auch deswegen ab, weil diese „kein Mittel zur Erhaltung unseres Seins" böten, sondern „ihr sogar im Wege" stünden (TIE 2–8), „Geld" sollte man nur „so viel" erwerben, „wie man braucht, um Leben und Gesundheit aufrechtzuerhalten und um den Sitten des Landes [*civitas*], die unserem Vorhaben nicht widerstreiten, gleichzukommen" (TIE 17).

Neben diesen nicht weiter ausgeführten Ansätzen im TIE lassen sich auch aus Spinozas politischen Schriften bestimmte Grundsätze ableiten, die ein Staat ihm zufolge erfüllen muss, wenn in diesem die Möglichkeit bestehen soll, zu Erkenntnis zu gelangen. Denn folgenreiche Unterschiede zwischen Staatsformen bestehen, wie Spinoza betont:

> Wenn [...] in einem Gemeinwesen mehr Bosheit herrscht und mehr Verbrechen begangen werden als in einem anderen, dann sicherlich deshalb, weil ein solches Gemeinwesen nicht genug Vorkehrungen für die Eintracht (der Menschen) getroffen und seine Rechtsgesetze nicht mit genügend Klugheit erlassen hat. (TP V, § 2)

Die Gesetze, die demgegenüber für Eintracht sorgen können, sind solche, die der Vernunft gemäß erlassen sind, was zum Beispiel auch heißt, dass sie nicht zu restriktiv sein dürfen – allerdings auch nicht sein können, weil Spinoza im TP den Begriff des „Rechts", wie in Kapitel 4 dieser Untersuchung gezeigt, an den der „Macht" bindet. Obwohl Staaten demzufolge einiges gar nicht verlangen können, kommt es trotzdem vor, dass sie es tun; dann aber eben nicht als Staat, der dadurch an Recht verliert, sondern mittels einer Gewalt, die ihnen nicht zukommt. Das Ziel der Eintracht bedeutet zunächst, aber nicht nur, dass die Befriedigung körperlicher Bedürfnisse gewährleistet sein muss, denn sonst wird das

Selbsterhaltungsstreben der Einzelnen direkt gegen diesen Staat gerichtet sein; der Staat ist nicht stabil.

Insgesamt ist ein Staat im Sinne Spinozas besser, in dem die Menschen zu Freude statt zu Trauer tendieren. Das liegt so weit in der Hand des Staates, als er dafür sorgen kann, dass die Menschen eher von Hoffnung als von Furcht geleitet werden. Das heißt, ein Staat, „den eine freie Menge eingerichtet hat", ist besser als einer, der aus einer unterworfenen entstand (TP V, § 6). Staaten, in denen „der Frieden von der Verzagtheit der Untertanen" abhänge, „die man wie eine Herde führt, um sie lediglich zu Sklaven abzurichten", könnten „angemessener Einöde" als „Gemeinwesen" genannt werden (TP V, § 4). Nichts, „was das gemeinsame Wohl angeht", dürfe „der Loyalität irgendeines Menschen, wer es auch sei, uneingeschränkt anheim gegeben" werden (TP VI, § 3). Staaten, in denen es nur um die Machterhaltung eines allein regierenden Fürsten geht, habe Machiavelli vorgeführt. In Spinozas bemerkenswert positiver Replik auf Niccolo Machiavelli (TP V, § 7), der meinte, „die größte Kraftentfaltung zeigt sich immer da, wo der freien Wahl am wenigsten Spielraum bleibt" (vgl. zum Beispiel Machiavelli 1954, S. 7), bezieht sich Spinoza offensichtlich nur auf das von Machiavelli vertretene Machterhaltungsinteresse des Staates; „welchen Zweck der Autor damit verfolgte, scheint freilich nicht recht klar zu sein", bemerkt Spinoza denn auch (TP V, § 7).[64]

Aufgrund der Gefahr der Despotie lehnt Spinoza jede Form der Regierung, in denen nur ein Mensch herrscht, ab und zielt mit seinen Vorschlägen zur Monarchie auf eine Regierung, deren Macht so weit wie möglich auf eine Räteversammlung verteilt ist. Vor allem darf der Staat Spinoza zufolge die Potentia der Einzelnen und damit ihre Macht, zu Erkenntnis zu gelangen, nicht einschränken: Im Staat muss

64 In Bezug auf den materialistischen Gehalt der Theorie der Macht schlägt Negri statt der („bürgerlich-idealistischen") Traditionslinie Hobbes – Rousseau – Hegel eine alternative Linie Machiavelli – Spinoza – Marx vor (1981, S. 227).

geistige Freiheit garantiert sein (TTP 20). Damit ist nicht nur die Freiheit zu philosophieren gemeint, sondern auch schon die Freiheit, überhaupt zu *meinen*. Meinung fängt nicht erst beim vernünftigen Sprechen an, sondern ist ein Recht, dass jeder Person, auch der rein nach der Imaginatio denkenden, zukommt (vgl. Remus 1992, Kap. 3). Wenn Spinoza im TTP (20) Meinungsfreiheit fordert, so betont er später in TP III, § 8, dass das Recht, zu eigenen Urteilen zu kommen, zu den Rechten gehört, welche die Einzelnen überhaupt nicht aufgeben *können*. Die Äußerung dieser individuellen Urteile gehört demnach nicht zu den Handlungen, die der Staat als staatsfeindlich verbieten darf.

Einerseits besteht Spinoza zufolge die Gefahr, dass der Staat über repressive Politik, durch welche die Einzelnen in Furcht gehalten werden, diese zu stark einschränkt und damit auch ihre Erkenntnis verhindert. Andererseits wird er die Erkenntnis der Einzelnen nur innerhalb der Grenzen seiner eigenen Stabilität zulassen.

Letztendlich bleibt die Frage, ob wirklich der Staat, der selbst, wie aus Kapitel 4 dieser Untersuchung hervorgeht, mithilfe der Ratio auf der Ebene der Imaginatio agiert, über sich selbst hinausweisen und Erkenntnis der Scientia intuitiva bei sich zulassen, respektive selbst fördern kann. Vielleicht – und hier muss auf den zweiten Teil dieses Kapitels verwiesen werden – kann auch der bestmögliche Staat (der mit Röd trotzdem, solange er Staat ist, als notwendig unfrei begriffen werden muss) nur Erkenntnis bis zur Stufe der Ratio ermöglichen.

5.1.2 Die Erkenntnis der anderen

„Zu meinem Glück gehört es auch", schreibt Spinoza, „mich zu bemühen, daß viele andere dasselbe begreifen wie ich" (TIE 14). Die Frage, warum das eigentlich so ist, soll in diesem Abschnitt erörtert werden.

Spinoza formuliert das Ziel seines Strebens, auch andere zum Erkennen zu bringen, an der gleichen Stelle – „damit ihr Verstand und ihr Begehren mit meinem Verstand und meinem Begehren gänzlich übereinstimmen". Dass für Spinoza aus dem gemeinsamen Begreifen eine Übereinstimmung resultiert, ist daraus ableitbar, dass nach Spinoza die höchste Vollkommenheit (*summum bonum*) in der Erkenntnis Gottes besteht. Der Erkennende hat in seinem Erkennen teil am erkannten Gegenstand (vgl. auch Kapitel 3 dieser Untersuchung). Erkenntnis Gottes bedeutet demnach, wesentlich mit ihm übereinzustimmen. Für den Menschen ist am nützlichsten, was im höchsten Maße mit seiner Natur übereinstimmt, und das können nach Eth. IV, prop. 35, coroll. 1 nur andere Menschen sein.

Die Wesensübereinstimmung kommt aber erst in der Gotteserkenntnis zur vollen Entfaltung: „Kein Einzelding gibt es in der Natur, das dem Menschen nützlicher wäre als ein Mensch, der nach der Leitung der Vernunft lebt", schreibt Spinoza (ebd.); sind die Menschen affektiv geleitet, so werden sie in entgegengesetzte Richtungen gezogen (Eth. IV, prop. 33), und ihre Streben schließen sich gegenseitig aus. Wenn andere Menschen mit dem einzelnen Erkennenden zusammen Gott erkennen, müssen sie auch untereinander vereinigt sein, weil intuitive Erkenntnis Vereinigung mit Gott ist. Dann haben sie vollkommene Wesensübereinstimmung, wodurch sich ihre jeweilige Potentia agendi vermehrt. Daher ist es in ihrem eigenen Interesse, andere auch zur Erkenntnis zu führen (vgl. hierzu auch Röd 1969, S. 31).

Manfred Walther (1971) hat in diesem Zusammenhang darauf hingewiesen, dass „absolut selbstbestimmtes, d.h. tugendhaftes Handeln […] [sich] dadurch aus[zeichnet], daß es niemals nur das eigene Interesse verfolgt, sondern stets zugleich dasjenige des Nächsten, und zwar ohne daß ein neues Prinzip des Handelns eingeführt werden müßte außer dem der Selbsterhaltung und des eigenen Nutzens" (ebd., S. 116). Im erkennenden Handeln liegt demnach der

Ursprung von Spinozas *Ethik* begründet; solches Handeln allein sorgt ihm zufolge für eine wirkliche Kollektivität: „Die Begierde, Gutes zu tun, die sich dem verdankt, daß wir nach der Leitung der Vernunft leben, nenne ich Moralität", expliziert Spinoza in Eth. IV, prop. 37, schol. 1.

In dem Lehrsatz zu dieser Anmerkung (Eth. IV, prop. 37) fügt Spinoza dem im TIE formulierten Streben noch eine Komponente hinzu. Es heißt darin: „Das Gut, nach dem ein jeder, der den Weg der Tugend geht, für sich selbst verlangt, wird er auch für andere Menschen begehren und *umso mehr*, je größer seine Erkenntnis Gottes sein wird" (Hervorhebung KS). Es verlangt also schon derjenige das Gut, das er selbst anstrebt, auch für andere, der erst am Beginn des „Wegs der Tugend", also eines fortschreitenden Erkenntnisprozesses steht. Dieses „am Beginn" Spinozas bedeutet, dass man schon eine wahre Idee Gottes hat; diese Erkenntnis ist dann quantitativ erweiterbar (siehe Kapitel 3 dieser Untersuchung). Mit dem Erkennen von weiteren Dingen steigert sich das Interesse, anderen dieselbe Erkenntnis, die man selbst hat, zu wünschen, und dementsprechend dafür Sorge zu tragen, dass sie eine solche erlangen können.

Diese Steigerung des Interesses an der Erkenntnis anderer führt Spinoza zufolge zum Knüpfen von Freundschaften (*amicitia*): „Die Begierde [...], die einen Menschen, der nach der Leitung der Vernunft lebt, dazu bringt, mit anderen Menschen ein Band der Freundschaft [*amicitia*] zu knüpfen, nenne ich Anstand [*honestas*], und [...] [ich nenne] unanständig [*turpe*] [...], was dem entgegensteht, Freundschaft zu schließen", schreibt Spinoza in Eth. IV, prop. 37, schol. 1. In diesem Konzept der Freundschaft spiegelt sich Spinozas Theorie der Ratio und Scientia intuitiva: Ein einzelner Mensch, der nach der Scientia intuitiva erkennt, benutzt die (zweite, adäquate) Form der Ratio, um seine Erkenntnis zu kommunizieren. Genauso findet die Übereinkunft mit anderen intuitiv Erkennenden auf rationaler Basis statt: Spinoza nennt die *amicitia* auch „rationales Prinzip“ (Eth. IV, prop. 37, schol. 1).

Auf der Basis dieses Konzepts der Freundschaft lässt sich die Aussage in Eth. IV, prop. 37 noch einmal auf doppelte Weise interpretieren: einerseits dahingehend, dass die in der Erkenntnis Fortschreitenden *mehr* Freundschaften knüpfen, andererseits so, dass sie sich in stärkerem Maße um solche bemühen. Zweiteres mag in jedem Fall stimmen; wichtig für meine Fragestellung ist aber, inwieweit es zum Begehren des Erkennenden gehört, mit möglichst *vielen* Menschen übereinzustimmen. Denn schließlich könnte man den oben zitierten Folgesatz 1 zu Eth. IV, prop. 35 auch so lesen, dass kein Einzelding in der Natur dem Menschen nützlicher wäre als „*ein* Mensch, der nach der Leitung der Vernunft lebt“ (Hervorhebung KS). Ist es vielleicht gar nicht nötig, möglichst viele beziehungsweise alle Menschen auf den „Weg der Tugend“ zu bringen?

Dagegen spricht jedoch die Vergrößerung der Potentia agendi durch Wesensübereinstimmung: In Gotteserkenntnis übereinzustimmen, vermehrt die eigene Potentia agendi. Daher muss es im Interesse aller Erkennenden sein, mit möglichst vielen diese Übereinstimmung herzustellen,[65] was letztendlich der Bildung einer vernünftigen Gesellschaft gleichkäme. So heißt es auch im TIE, zu einer vollkommenen Natur zu gelangen, sei mit dem Streben verbunden, dass *viele andere* diese ebenfalls erlangten (TIE 14). Spinoza hat aber, gerade in dem später entstandenen TP, deutlich gemacht, dass ein Leben aller nach der Vernunft nicht möglich sei (vgl. TP I, § 5). Deswegen schreibt er in Eth. IV, prop. 37 nicht, der Erkennende würde das Gut der Erkenntnis für *alle* anderen Menschen verlangen, sondern nur allgemein „für andere

65 So versteht sich auch Eth IV, prop. 35, coroll. 2, das zunächst ungewohnt zweckorientiert und liberalistisch klingt: „Wenn jeder Mensch im höchsten Maße seinen eigenen Vorteil sucht, dann sind sich Menschen im höchsten Maße wechselseitig nützlich.“

Menschen".[66] Für das eigene Begehren nach vernünftiger Erkenntnis wäre es zwar wünschenswert, wenn alle übereinstimmten; aber letztendlich steht es im Vordergrund, überhaupt interpersonelle Übereinstimmung anzustreben.

Auf jeden Fall nicht gemeint ist hier eine auf Ermöglichung oder Verbesserung der eigenen Erkenntnis angelegte Begründung für das Streben, dass auch andere zu Erkenntnis erlangen sollen. Dieses Gut auch für andere zu begehren, ist keine notwendige Bedingung für den eigenen Fortschritt im Erkennen. Der zwingende Einfluss der anderen endet mit der Imaginatio. Der weitere Fortgang, das hat Spinoza im TIE gezeigt, findet im Einzelnen statt, auch wenn er sich wieder interpersonell verbinden kann.

Es ist jedoch ein Unterschied, ob man Erkenntnis für andere begehrt, oder ob man aktiv etwas für deren Erkenntnis tut. Spinoza hat selbst nicht nur Ersteres gefordert, sondern auch Zweiteres getan: Meines Erachtens kann das gesamte Werk Spinozas als Versuch gewertet werden, die Erkenntnis anderer zu befördern. Vor diesem Hintergrund hat auch der von ihm gesuchte stabile Staat den pragmatischen Sinn, die Erkenntnis möglichst vieler Menschen voranzubringen. Allein weil er zu zwangsrationalem Verhalten antreibt und, obwohl er selbst auf Ebene der Imaginatio operiert, trotzdem zu der Ratio gemäßen Handlungen führt. Der Fortschritt eines dem Wohl der Einzelnen zugewandten Zusammenschlusses besteht dann in dem eigenen Vorteil der relativen Geschütztheit, etwa vor Gewalt. Darüber hinausgehend rät Spinoza in den Mäßigungsregeln den Erkennenden: „Man rede nach der Fassungskraft der Leute [...]. Wir können nämlich nicht wenig Vorteil von ihnen erlangen, wenn wir soweit wie möglich ihrer Fassungskraft Rechnung tragen" (TIE 17). Der hier benannte Vorteil besteht sowohl

66 Hier zeigt sich ein gewisser Elitarismus Spinozas: Zwar gehört es ihm zufolge zum Wesen aller Menschen, Erkenntnis zu haben, aber eben auch, affektiv geleitet zu sein, und das schließt sich im Hinblick auf vernünftige Erkenntnis aus.

darin, andere gegebenenfalls auf den Weg der Erkenntnis bringen zu können, als auch in einer größeren Gunst anderer, was den Erkennenden letztlich einige von Trauer bestimmte Affekte erspart. Spinoza nämlich findet „unanständig" (*turpe*), was Freundschaft verhindert (Eth. IV, prop. 37, schol. 1; siehe oben). *Turpe* geht sogar über „unanständig" hinaus und bedeutet „schändlich", „schimpflich". Alle Affekte, die mit Hass gegenüber denjenigen, die Erkenntnis anstreben, einhergehen, können das Schließen von Freundschaft (*amicitia*) verhindern. Während die Erkennenden nämlich nicht mit dem Umgang mit feindlichen Affekten beschäftigt sind, können sie sich „umso mehr" mit der Schaffung einer vernünftigen Gesellschaft beschäftigen, welche die Erkenntnismöglichkeit der Einzelnen zum Ziel hat.

5.2 Die vernünftige Gesellschaft

Um eine vollkommene Natur zu erreichen, muss man, so schreibt Spinoza in TIE 14, „eine Gesellschaft bilden, die so beschaffen sein sollte, daß möglichst viele Menschen, so leicht und sicher es geht, dahin gelangen". Anhaltspunkte dafür, wie eine Gesellschaft beschaffen sein sollte, damit möglichst viele in ihr zu Erkenntnis gelangen, gibt Spinoza in TIE 14–16. Kommt der Staat als soziales Gebilde als eine solche Gesellschaft infrage, ist sie etwas vollständig von ihm Verschiedenes, oder wie verhalten sich die beiden Konzepte zueinander? Die Frage, inwieweit und wodurch Staat und Gesellschaft voneinander zu differenzieren sind, habe ich bereits in Kapitel 4 behandelt. Hier soll sie dahingehend spezifiziert werden, auf welcher Ebene der Erkenntnis der Staat operiert, ob er überhaupt vernünftige Elemente enthält und inwieweit Erkenntnis in ihm möglich ist. Diese Fragen werde ich zuerst erörtern, um dann die in Kapitel 4 herausgestellte Möglichkeit eines prozesshaften Staates konkreter zu untersuchen.

5.2.1 Staat und Vernunft

Der Staat, so ergab die Untersuchung in Kapitel 4, agiert Spinozas Einteilung der Erkenntnisarten zufolge auf Ebene der Imaginatio, wenn er Affekte in den Einzelnen auslöst, die zur Befolgung der Gesetze führen. Die Gesetze sind demnach eine Reaktion darauf, dass der Großteil der Menschen unter affektiver Leitung lebt, und verbieten das Handeln gemäß der eigenen inadäquaten Ideen, die nach Spinoza zu unvernünftigen Handlungen führen würden, wie etwa Hass zu Mord. Vor diesem Hintergrund lässt sich der Staat auch als eine Art externalisierter Ratio verstehen. Wenn man den Staat so einordnet, könnte man auch fragen, welcher Form der Ratio der Staat zuzuordnen ist: der ersten von Spinoza im TIE als inadäquat herausgestellten Ratio, oder der zweiten Form der Ratio, die auf der Scientia intuitiva erst aufbaut? – Der Staat wäre meines Erachtens vor jeder tatsächlich adäquaten Erkenntnis anzusiedeln. Allerdings steht Spinozas Staatstheorie auf der Basis der von ihm schon vollzogenen Erkenntnis. Trotzdem herrscht der imaginative Charakter der staatlichen Gebilde vor, wie im Folgenden zu zeigen sein wird.

Durch den Staat werden Menschen dazu gebracht, nach mit der Vernunft im Einklang stehenden Grundsätzen zu handeln.[67] Die Gesetze, auf vernunftgemäßes Handeln angelegt, beschäftigen und begnügen sich damit, die auf der Ebene der Imaginatio angesiedelten Probleme zu regeln, und bleiben so zwangsläufig ihrem Gegenstand verhaftet. Gesetze sind niemals dazu da, sich selbst überflüssig zu machen, sondern suchen nach Übertretungen der durch sie geregelten Normen. Der Staat selbst agiert wiederum komplett auf der Ebene der Imaginatio: Einerseits bewegt er die Individuen affektiv, durch Angst und Hoffnung dazu, die Gesetze zu befolgen, andererseits verlässt auch er selbst als Handelnder

67 Unter diesem Aspekt gleicht der Sinn des Staates dem der Religion, den Spinoza im TTP herausarbeitet (vgl. TTP 13).

gegenüber anderen Staaten die Ebene der Imaginatio nicht, wie etwa am Recht der Staaten zum Kriegführen deutlich wird (TP III, § 13).[68] Staaten selbst würden also im Prinzip wiederum sie regelnde Gesetze brauchen, eine Art Meta-Staat, um ein interstaatliches Kooperieren friedlich zu gestalten. Ein solcher befindet sich aber in Bezug auf die einzelnen Staaten im gleichen Verhältnis wie die einzelnen Staaten gegenüber den Bürger:innen, das heißt, es deutet nichts darauf hin, dass der Meta-Staat vernünftiger wäre als die einzelnen Staaten. So ließe sich eine ins Unendliche reichende Hierarchie von Meta-Staaten bilden, die niemals wirklich über ihre Mitglieder hinausweisen können.[69] Röd kommt zu dem Schluss:

> Der Staat [kann] zwar indirekt zur Rationalisierung des menschlichen Verhaltens beitragen, jedoch nicht die Irrationalität der menschlichen Natur aufheben, ohne seine eigenen Voraussetzungen aufzuheben, da er grundsätzlich stets auf jenen Zustand bezogen bleibt, den der Philosoph als „Knechtschaft" bezeichnet. (1969, S. 39)

Letztendlich bleibt die Frage, inwieweit der Staat, der sich selbst nur teilweise über den Zustand der Imaginatio erhebt,

68 Dieser Sachverhalt wird auch daran deutlich, dass Spinoza die auf der gemeinsamen Erkenntnis der Scientia intuitiva basierende Freundschaft (*amicitia*) als „rationales Prinzip" (Eth. IV, prop. 37, schol. 1) bezeichnet – das allerdings durch seine Rückbindung an die intuitive Erkenntnis bereits über die staatliche Ebene hinausweist.

69 Auf heutige Nationalstaaten bezogen zeigt zum Beispiel die Handlungsunfähigkeit respektive Parteilichkeit der UNO oder die Folgenlosigkeit sowie Instrumentalisierung internationaler Gerichtshöfe die Problematik solcher Meta-Staaten auf: Wie der Staat in Spinozas Theorie Affekte nur mittels anderer Affekte zurückdrängen kann, kann auch der Meta-Staat nur so vernünftig sein wie seine Mitglieder – das hieße Spinoza zufolge, gemäß der Imaginatio zu handeln. Das Prinzip verdoppelt sich lediglich. An der UNO kann letztendlich nur deutlich werden, dass die Sache mit den Nationalstaaten nicht der Vernunft gemäß ist. Auf die Problematik einer Weltrepublik respektive eines Bundes weist auch Immanuel Kant hin (1992, B 30ff.).

überhaupt Erkenntnis ermöglichen kann. Maßnahmen, die eine solche befördern, sind oben in diesem Kapitel genannt worden. Wenn Spinoza aber das dem Staat innewohnende Problem der Unfreiheit so zu lösen versucht, dass durch den Staat nur das Handeln gemäß bestimmter Affekte oder Erkenntnisse, die ihm zuwider sind, verboten wird, nicht aber die Erkenntnis selbst, so ergibt sich das Problem der hier anscheinend nicht ernst genommenen Parallelismus-These Spinozas. Bei Anwendung des Parallelismus auf den Staat könnte Spinoza eigentlich keinen Verzicht auf das aus Erkenntnis resultierende Handeln fordern. Wenn er schreibt, zu Gewaltherrschaft werde ein Staat, der sich auch auf „die Geister ausdehnt" (TTP 20, S. 299), so agierte ein solcher Staat zumindest gemäß des zum ontologischen System Spinozas gehörenden Parallelismus: Er würde auf der Ausdehnungs- und Geistesebene gleichzeitig die Einzelnen affizieren. Jede die Vorgehensweisen des Staates infrage stellende Erkenntnis gefährdet diesen im Prinzip. Auch wenn Spinoza es zum vernünftigen Handeln zählt, nicht gegen den Staat zu handeln, so ergibt sich doch das Problem von Herrschaft versus Erkenntnis: Die Herrschenden handeln eigentlich sicherer, wenn sie keiner Kritik ausgesetzt sind.

Spinoza war aber der Ansicht, dass Erkenntnis einschließlich der gegebenenfalls aus ihr resultierenden Kritik, die sich auch gegen den Willen der Herrschenden formieren kann, zu der vom Staat zuzugestehenden Freiheit gehören muss. Richten sich solche Erkenntnisse jedoch gegen den Staat selbst, so sind sie für ihn höchst brisant, wie Balibar herausgestellt hat:

> From the perspective of power, which is that of reality, the words and thoughts which are most effective – and in particular those which attack injustice and the evils of the present State – are themselves actions. They are, in fact, the most dangerous actions of all, for they inevitably incite other men to think and act in their turn. (1998, S. 119)

Wenn Worte und Gedanken demnach zu staatsgefährdenden Handlungen werden, bedeutet dies im Umkehrschluss, dass das Befördern von Erkenntnis und ein Ausweiten des Erkennens von wenigen auf eine größere Zahl von Menschen dem Stabilitätsinteresse des Staats als Zwangszusammenhang grundsätzlich widerspricht.

Im TP macht Spinoza schließlich (resigniert) die Trennung auf zwischen privater und öffentlicher Sphäre: „Die Freiheit der geistigen Haltung [...] ist eine Privattugend; die Tugend des Staates hingegen ist die Sicherheit“ (TP I, § 6). Diese Trennung von Privatheit und Staat resultiert nicht aus der Erkenntnistheorie, sondern weist als Bestandteil der Staatstheorie über den Staat hinaus. Um Erkenntnis erlangen zu können, bedarf es einer Gesellschaft, in der das möglich ist (TIE 14), und da es im Staat nicht möglich ist, weil der Staat erstens anstrebt, sich auf „die Geister“ auszudehnen (TTP 20), und zweitens aus Gründen seiner Selbsterhaltung keine Erkenntnis zulassen kann, die ihn infrage stellt, ist er nicht generell geeignet als Ort, um zu Erkenntnis zu gelangen.

Schon das Verhältnis von Staat und Erkenntnis allgemein ist daher Spinozas Staatstheorie zufolge ein gespanntes. Dazu kommt die Frage, welche Art von Erkenntnis der Staat befördern kann, beziehungsweise ob er überhaupt seine eigene Form transzendieren kann hin zur Erkenntnisform der Scientia intuitiva. Selbst wenn der Staat Erkenntnis zulässt, so ist er keineswegs auf diesen Zweck hin ausgerichtet. Es bleibt weitestgehend unausgeführt, inwieweit Staaten diesem Zweck überhaupt dienlich sein können. Ein mögliches Konzept der Veränderung soll im Folgenden skizziert werden.

5.2.2 Die sich entwickelnde Gesellschaft

Die Gesellschaft muss, wenn sie eine Spinoza gemäße, der Verbesserung des Verstandes zuträgliche Form des sozialen Interagierens darstellen soll, eine Entwicklung vollziehen.

Moira Gatens und Genevieve Lloyd haben diesen Aspekt besonders herausgestellt:

> The individual's endeavour to persevere will result in shifts in both its imaginings and its reasonings about itself and its context. These imaginings and reasonings in turn will cross from one individual to the next, from one group or community to the next. Individuals will compose new collectives and old collectives may be decomposed. In this way the hierarchical relations between groups always are open to restructuring. Political solutions will never be stable solutions and one consequence of understanding power as the very essence of the individual is that patterns of domination and subordination inevitably will meet with resistance from those whose power is thereby constrained. (Gatens/Lloyd 1999, S. 131)

Obwohl Spinoza, gerade im TP, eine statische Sicht auf den Staat vertritt, gibt es Textstellen, die eine Offenheit gegenüber einer Umstrukturierung auch von hierarchischen Beziehungen zwischen Menschengruppen wie in der von Gatens/ Lloyd vorgelegten Interpretation stützen. Diese sollen unter dem Aspekt dessen, wie die Gesellschaft vernünftiger organisiert werden kann, betrachtet werden.

Im TIE (14ff.) zählt Spinoza die schon im ersten Abschnitt dieses Kapitels dargelegten Maßnahmen auf, die hier noch einmal in Bezug auf ihre systematische Ordnung untersucht werden sollen. Für das Ziel, dass andere dasselbe begreifen sollen wie er selbst, so Spinoza, müsse man die Natur in dem Maße begreifen, das ausreichend ist, die genannte vollkommene Natur zu erlangen; „des weiteren" (*deinde*), heißt es, müsse man eine Gesellschaft bilden, die so beschaffen sein sollte, dass möglichst viele Menschen so leicht und sicher, wie es geht, dahin gelangen. „Sodann" (*porro*) sei sich um die Moralphilosophie und Erziehungslehre zu bemühen sowie eine umfassende Heilkunde auszubilden; die Mechanik dürfe „ferner" (*et*) keineswegs vernachlässigt werden. „Vor allem aber" (*sed ante omnia*) sei ein Mittel zu ersinnen, den Verstand zu heilen und ihn, so weit es zu Anfang geht, zu reinigen.

Die Reihenfolge, die Spinoza hier in den adverbialen Bestimmungen andeutet, stellt die verschiedenen Aspekte in eine Ordnung, die eine auch zeitlich zu verstehende Prioritätensetzung deutlich macht. In TIE 14, Fußnote 2 schreibt Spinoza: „Man beachte, daß es mir hier nur darauf ankommt, die für unser Vorhaben nötigen Wissenschaften aufzuzählen, ohne daß ich mich um ihre Ordnung kümmerte.“ Hier setzt er sich offensichtlich von Descartes ab, der die unterschiedlichen Wissenschaften systematisch aus dem ersten Prinzip der Existenz des denkenden Bewusstseins deduziert (vgl. Descartes 1992, S. XXXVIIIff.). In Spinozas Aufzählung ist aber dennoch eine Ordnung angelegt, wie zu zeigen sein wird.

Die erste, wichtigste Bedingung, die Natur in dem Maße zu begreifen, das ausreichend ist, die genannte vollkommene Natur zu erlangen, fällt meines Erachtens mit dem angestrebten Ziel der Erkenntnis nahezu in eins: Auch wenn es für das Übereinstimmen ausreichen mag, die Natur nicht in ihrer Gänze, sondern nur in ausreichendem Maß zu begreifen, so lässt sich Spinoza zufolge Übereinstimmung nur auf Vernunftsebene, also auf Basis der Scientia intuitiva, herstellen. Der Unterschied zwischen Wissen, das zur Übereinstimmung ausreicht, und menschlich möglicher Erkenntnis ist daher zu vernachlässigen. Die erste Bedingung ist also eigentlich gar keine: In ihr wird das Erkennen der anderen bereits vorausgesetzt. Um das mit ihr gleichbedeutende Ziel zu erreichen, zählt Spinoza die dann folgenden Mittel auf.

Die zweite Bedingung, die mit „des weiteren“ eigentlich in zeitlicher oder systematischer Nachrangigkeit angedeutet ist, wird daher zum ersten Mittel: Eine geeignete Gesellschaft sei einzurichten. Zum einzigen Mittel, dorthin zu gelangen, wird sie, wenn Spinoza anfügt, es sei sich „sodann“ um die Moralphilosophie, Erziehungslehre sowie eine umfassende Heilkunde zu bemühen. Denn das „sodann“ bestimmt meines Erachtens, dass ihre Anwendung innerhalb der einzurichtenden Gesellschaft anzusiedeln ist. Die Mechanik, die

„ferner“ (*et*) keineswegs vernachlässigt werden dürfe, steht auf derselben Stufe wie die drei vorhergehenden.

Wenn Spinoza schreibt, es sei „vor allem aber“ ein Mittel zu ersinnen, den Verstand zu heilen und ihn, so weit es zu Anfang geht, zu reinigen, so handelt es sich hierbei um eine Aufgabe, die in einer Gesellschaft der Erkennenden nicht mehr ansteht. Dies bildet das für Spinoza dringlichste Problem, weswegen er es im TIE selbst behandelt (vgl. auch TIE 18), der die Bedingungen einer solchen Verstandesreinigung untersucht.

Da Spinoza sich der von ihm mit „vor allem“ eingeleiteten Maßnahme als Erstes selbst annimmt, kann man auch die anderen adverbialen Bestimmungen als zeitliche Abfolge verstehen, welche in der vorgestellten Ordnung erfolgen soll. Nach der Verbesserung des Verstandes wäre eine Gesellschaft zu errichten, *in der* (denn sonst würde die Bildung der Gesellschaft den anderen Bereichen nachfolgen) sich um die Moralphilosophie und Erziehungslehre bemüht sowie die Mechanik und Heilkunde vorangetrieben wird.

Wie aber verhält sich diese Abfolge zu dem von Spinoza angefügten Satz, „hieraus“ könne schon jeder sehen, dass alle Wissenschaften auf das einzige anzustrebende Ziel menschlicher Vollkommenheit hin zu lenken seien (TIE 16)? Schließlich hat er das vorher nicht ausgeführt, sondern nur vier Sphären (fünf inklusive der Gesellschaftsbildung) und die „Verstandesreinigung“ aufgezählt. „Und daher“, da alle Wissenschaften auf ein Ziel ausgerichtet werden sollen, schließt Spinoza, „wird in den Wissenschaften all das, was uns nicht zu unserem Ziel voranbringt, als unnütz zu verwerfen sein“ (ebd.). Kann man also schließen, dass ganze Wissenschaften (wie die Mathematik, Naturwissenschaften etc.; alle, die nicht aufgezählt wurden) gleich mit verworfen werden sollen? Oder handelt es sich bei der Aufzählung lediglich um Beispiele, die im besonderen verdeutlichen, wie alle Wissenschaften auf ein Ziel hin gelenkt werden sollen?

In der Fußnote 1 zu TIE 16 schreibt Spinoza: „Die Wissenschaften haben nur ein Ziel, auf das hin sie alle auszurichten sind." Hieraus lässt sich erstens ersehen, dass Spinoza tatsächlich alle Wissenschaft auf das Ziel der Erkenntnis hin ausrichten will, und zweitens fällt der Tempuswechsel vom Futur ins Präsens auf. Das Unnütze, hieß es vorher, „wird zu verwerfen sein" (*erit rejiciendum*), während die Wissenschaften (schon jetzt) auf dieses Ziel „auszurichten sind" (*sunt dirigendae*). Desgleichen steht auch der nächste Satz im Präsens: „Kurz gesagt heißt das, daß alle unsere Tätigkeiten, nicht anders als unsere Gedanken, auf dieses Ziel zu richten sind" (*sunt dirigendae*; TIE 16). Mit „Tätigkeiten" wird hier offensichtlich nicht das Handeln des Geistes im Sinne der *Ethik* angedeutet, denn sonst stünden sie nicht im Gegensatz zu den „Gedanken". Hier ist der Mensch als Ganzer im Attribut des Denkens und dem der Ausdehnung, also als handelndes und denkendes Wesen gemeint. Der Parallelismus ist an dieser Stelle in bestimmter Weise angewandt: nämlich als Einhergehen von Erkenntnis mit dementsprechendem Handeln, das im Normalfall im Staat nicht der Fall ist.[70]

Weil im Staat Denken und Handeln nicht ausschließlich aktiv aus den Einzelnen entspringen, sondern das Handeln sich aus verschiedentlich steuerbaren Affekten ergibt, bleibt fraglich, wann diese Strategien (alle Wissenschaften auf ein einziges anzustrebendes Ziel hin auszurichten, alle Tätigkeiten und Gedanken auf dieses Ziel zu lenken) in die Tat umgesetzt werden sollen. Nur im Hinblick auf die zu bildende Gesellschaft, oder auch in ihr?

Ein Staat könnte demnach durch Lenkung der Wissenschaft die Erkenntnis der Einzelnen befördern und sich zu einer vernünftigen Gesellschaft hin entwickeln. Maßnahmen

70 Die Entsprechung von Erkenntnis und Handeln verbieten normalerweise die Gesetze, die das Ausüben bestimmter aus Affekten (die mit der Erkenntnisform der Imaginatio einhergehen) resultierenden Handlungen verbieten. Hier geht es Spinoza jedoch um Handlungen, die der eigenen vernünftigen Erkenntnis entsprechen.

zu einer solchen Zielsetzung wären offensichtlich erst noch zu treffen. Damit weist auch diese Forderung Spinozas über den Staat, in dem er lebte – wie auch über heute bestehende Staaten – hinaus. Eine Trennung dessen, was bestehende Staaten leisten *können* und was sie leisten *müssten*, ist daher schwierig vorzunehmen. Die Zielsetzung liegt aber offenbar nicht im Interesse des Staates, wenn dieser sie nicht vornimmt. Meines Erachtens fällt daher trotz des Tempuswechsels ins Präsens die Lenkung der Wissenschaften Spinoza zufolge nicht in den Aufgabenbereich bestehender Staaten, wo diese dem Stabilitätsstreben des Staates selbst unterworfen sind. Eine solche Lenkung kann erst innerhalb einer noch zu schaffenden Gesellschaft stattfinden, die sich tatsächlich an der Rationalität der von ihr eingesetzten Mittel orientiert.

Dem völligen Ausrichten des eigenen Denkens und Handelns auf das Ziel der Erkenntnis, das Spinoza auch im Präsens formuliert, kommt daher eine schwierige Aufgabe zu, wenn sie im Bestehenden stattfinden soll, weil die Staatlichkeit, welche die Einzelnen umgibt, in die entgegengesetzte Richtung tendiert. Letztendlich bleibt das eigene Denken und Handeln und seine Ausrichtung auf eine über den Staat hinausweisende Form der Gesellschaft aber in der Theorie Spinozas der zentrale Impuls der Veränderung und ist also ein wichtiger Ausgangspunkt bei der Weiterentwicklung des sozialen Zusammenhangs.

Röd ist der Meinung, dass die Rechtsordnung im Staat nur zunächst restriktive Aufgaben erledigt, dann aber sukzessive durch Rationalisierung die gemeinschaftswidrigen Leidenschaften möglichst einschränken soll (1969, S. 38). Gerade mit der stärkeren Betonung des Stabilitätsaspekts im TP wird aber fragwürdig, ob Spinoza den Staat als „Mittel“ angelegt haben kann. Auf die Problematik der in der Einordnung des Staates als „Mittel“ enthaltenen Zweckbestimmtheit hat Matheron hingewiesen. Demnach behauptet Spinoza nirgendwo, daß die politische Gesellschaft eingerichtet wird (vertraglich oder nicht), um die Bedingungen zu schaffen, ohne welche die Ansprüche der Vernunft, wie sie in den Lehrsätzen 26–28 und 37 definiert sind, nicht zu verwirklichen wären [...]; es gibt für Spinoza keine moralische Verpflichtung, weil es keine Finalität gibt, in der menschlichen Natur nicht anders als sonst. (2000, S. 321)

Mit dem Letzten hat Matheron meines Erachtens unrecht: In der Natur gibt es keine Finalität, für den Menschen aber durchaus, wie Spinoza in der *Ethik* im Anhang zu Teil I deutlich gemacht hat. Zwar kritisiert Spinoza diese „zweckursächliche" Weltsicht; wiederholt sie aber selbst auch, indem er die Wissenschaft, alle Tätigkeiten und Gedanken „auf ein einziges anzustrebendes Ziel hinlenken" will. Und dies, obwohl es sich um eine bewusste Zielsetzung handelt, die auf einer grundsätzlich nichtteleologischen Sicht auf die Welt beruht. Trotzdem erschiene ein solches Ziel der großen Menge der Menschen als äußerlich, wie Spinoza selbst ausführt, wenn er schreibt, dass

niemand es Gott zum Vorwurf machen kann, daß er ihm eine schwache Natur oder einen ohnmächtigen Sinn gegeben hat. Es wäre geradeso widersinnig, als wollte der Kreis sich beklagen, daß Gott ihm nicht die Eigenschaften der Kugel, oder das Kind, das vom Blasenstein geplagt wird, daß Gott ihm nicht einen gesunden Körper gegeben habe. (Brief 78, S. 291)

Hier begründet Spinoza also den Unterschied zwischen den Menschen, die Erkenntnis anstreben, und denjenigen, für die dieses Streben äußerlich bleibt, als zwangsläufige ontologische Differenz. Diejenigen, die keine Erkenntnis anstreben, vergleicht Spinoza folgendermaßen:

Der Hund, der durch einen Biß toll wird, ist zwar zu entschuldigen und doch wird er mit Recht erstickt. Wer [...] seine Begierden nicht zu regieren und durch die Furcht vor den Gesetzen in Zaum zu halten weiß, der ist zwar wegen seiner Schwäche zu entschuldigen, aber er kann doch nicht die Ruhe des Gemüts und die Erkenntnis und Liebe Gottes besitzen, sondern geht vielmehr mit Notwendigkeit zugrunde. (Ebd., S. 292)

Spinoza geht es an dieser Stelle um die Frage, ob jemand, der nicht nach der Erkenntnis strebt (beziehungsweise dies nicht kann), dafür selbst verantwortlich ist. Überraschend mag es erscheinen, dass Spinoza schreibt, derjenige sei zwar nicht selbst verantwortlich, sondern „zu entschuldigen", aber er ginge trotzdem „mit Notwendigkeit zugrunde". Warum diese Notwendigkeit besteht, führt Spinoza hier nicht aus. Eventuell rekurriert er mit dem Besitz der Erkenntnis und Liebe Gottes auf die dem Erkennen nach der Scientia intuitiva inhärente Ewigkeit des Geistes,[71] die demjenigen, der nicht nach dieser Erkenntnisform denkt, versagt bleiben mag. Auf jeden Fall hat Spinoza in seiner Affektenlehre im dritten und vierten Teil der *Ethik* deutlich gemacht, dass ihm zufolge ein affektiv gesteuertes Leben im Endeffekt eines ist, das nicht das wahre Gut ansteuert. Wer es führt, strebt es nach etwas, das nicht wirklich gut für ihn ist und seiner Essenz entgegensteht, weswegen die nach den Begierden Lebenden mit Notwendigkeit zugrunde gehen müssen.[72] Gemeint ist

71 In Eth. V, prop. 21ff. führt Spinoza aus, was die Ewigkeit des Geistes ausmacht: Der Geist kann sich der Ewigkeit, die sowohl der Körper als auch er selbst als Geist der Essenz nach haben, bewusst werden, indem er sich *sub specie aeternitatis* als ewige Idee Gottes erkennt. Diese These ist umstritten, vgl. zum Beispiel Bennett, der diesen Abschnitt als „rubbish" abtut (1984, S. 374), oder Charlie Dunbar Broad, der die letzten Lehrsätze der *Ethik* distanziert als „philosophic expression of certain religious and mystical experiences which Spinoza and many others have enjoyed and which seem supremely important to those who have had them" bezeichnet (1930, S. 15). Insbesondere Bartuschat zeigt aber, wie der Geist, indem er sich als ewige Idee Gottes erkennen kann, das heißt, im Gegensatz zum Körper, ein Bewusstsein seiner Ewigkeit erlangen kann, und so auf ausgezeichnete Weise ewig wird (vgl. Bartuschat 1977, S. 42).

72 Diese Bestimmung Spinozas lässt sich nicht nur auf affektive Genussorientierung beziehen, sondern auch auf Bestrebungen von Einzelpersonen und Staaten, die sich dem Hass gegen andere, gar der Mordlust verschrieben haben, wie etwa islamistische Selbstmordattentäter:innen.

hier meines Erachtens keine darwinistische Auslese, sondern ein Nachvollziehen der Richtung, die der Einzelne einschlägt: Wer affektiv handelt, tut nicht unbedingt, was wirklich gut für ihn ist, und schadet sich objektiv damit selbst.

Spannend wäre die Frage, ob sich diese These auf den Staat übertragen ließe: Geht auch er mit Notwendigkeit zugrunde? Leider hat sich Spinoza zu diesem Aspekt nicht klar geäußert. Zumindest im TP ordnet er die Bildung einer vernünftigen Gesellschaft aller Menschen doppelt dem Bereich des Unmöglichen zu (*Traum* von einem *Märchen*):[73]

> Wer sich deshalb einredet, eine Menschenmenge oder diejenigen, die in öffentlichen Angelegenheiten zerstritten sind, könnten dazu gebracht werden, nach einer bloßen Vorschrift der Vernunft zu leben, der träumt vom goldenen Zeitalter der Dichter oder von einem Märchen. (TP I, § 5)

Trotzdem könnte man, wenn man Spinozas Staatstheorie mit seiner Erkenntnisentwicklung betrachtet, den Staat parallel den Affekten von Einzelpersonen als „inadäquate Idee“ oder „inadäquates Konzept“ verstehen. Im Rückgriff auf eine höhere Erkenntnisform als diejenige der Imaginatio, die durch

Spinoza ging von einer Gesellschaftsordnung aus, der den Mord an anderen Menschen grundsätzlich ächtet, was auch im Sinne seiner Philosophie ist, in der er sich damit beschäftigt, wie Menschen ihre Essenz entfalten können. Religiös ausgeübte Politik mit der Folge, dass Bürger:innen innerhalb eines Staates drangsaliert und andere Staaten möglicherweise angegriffen werden, die aber gerade im Antisemitismus zu monströsen Gräueltaten führen kann, steht einem nach Glückseligkeit strebenden Weg der Erkenntnis diametral entgegen. In jedem Fall wären aus einer solchen Motivation begangene Taten weitere Gründe für die Forderung nach einer Religionsferne des Staates. Die Frage, wie von einem dezidiert aus Hass gespeisten Leben eine individuelle Hinwendung zur eigenen Essenz erfolgen könnte, müsste den Ausgangspunkt eines forcierten Bildungsansatzes darstellen – der von Spinoza allgemein genannten „Erziehungslehre“ käme hier zentrale Bedeutung zu.

73 Röd nennt die Idee der Vernunftgemeinschaft letztendlich „mystisch“ (1969, S. 50).

ihn ausgedrückt ist, könnte man dementsprechend seinen Mangel erkennen und ihn in die adäquate Form der *societas* überführen.

5.3 Die Gesellschaft der Vernünftigen

Spinozas Konzept der vernünftigen Gesellschaft als zeitlich dem Staat nachfolgendes soziales Gebilde scheint mir durch die Anbindung an die Mehrheit der Menschen, deren Lebensziel nicht Erkenntnis darstellt, innerhalb der Theorie Spinozas zunächst in den Bereich des Utopischen gerückt. Es bleibt zu untersuchen, welche Formen der Realisierung er stattdessen offeriert. Teilweise wird Spinoza so interpretiert – und die Dreiteilung des TP legt dies nahe –, dass es sich bei seinem Konzept der Demokratie schon um eine vernünftige Gesellschaft handeln könne.[74] Diese Lesart schließt der TTP jedoch aus.[75] Alle staatlichen Herrschaftsformen, auch die Demokratie, basieren auf Gesetzen, und solche stehen im Gegensatz zur vernünftigen Gesellschaft, wie Spinoza dort verdeutlicht:

> Wenn nun die Menschen von Natur so beschaffen wären, daß sie nur das begehrten, worauf die wahre Vernunft sie verweist, dann brauchte die Gesellschaft [*societas*] sicherlich keine Gesetze, sondern es würde vollauf genügen, die Menschen die wahren Sittengesetze zu lehren, damit sie von sich aus mit vollem und freiem Entschluß das täten, was wahrhaft nützlich ist. (TTP 5, S. 84)

Weil das aber nicht so ist, sondern der Großteil der Menschen nicht nach Leitung der Vernunft lebt, kommt Röd zu der Einschätzung:

> [Wenn] die Möglichkeit einer auf Vernunft gegründeten Gemeinschaft behauptet wird, kann es sich nur um eine kleine Gruppe handeln, die, einer Sekte vergleichbar, innerhalb des auf die unver-

74 Darauf rekurriert Negri (vgl. 1981, S. 247).

75 Auch Röds (1969) und Matherons (2000) Interpretationen kommen zu dem Schluss, dass diese Möglichkeit nicht gegeben ist.

nünftige Menge abgestellten Zwangsrechts der staatlichen Gemeinschaft ein vernünftiges, keiner Normen bedürftiges Einheitsprinzip verwirklicht und dabei die positive Rechtsordnung zwar respektiert, ihr jedoch hinsichtlich der vernünftigen societas keine Bedeutung mehr beimisst. (Röd 1969, S. 22)

Auch wenn die Form der Sekte sicher nicht diejenige ist, auf die Spinozas Theorie der vernünftigen Gesellschaft konzeptuell hinauslaufen sollte, so wäre eine Gruppe, deren Mitglieder sich gemeinsam der eigenen Erkenntnis widmen, doch dem Konzept von *amicitia* sehr nahe, das Spinoza im fünften Teil der *Ethik* nennt, die als eine Art kleiner *societas* verstanden werden kann. Röd schreibt: „Im V. Teil der *Ethik*, ‚Von der Macht des Geistes, oder von menschlicher Freiheit', ist vom Staat nicht mehr die Rede, wohl aber von jener Gemeinschaft freier Menschen, die hier häufig als ‚amicitia' bezeichnet wird" (1969, S. 39).

Freundschaft, eine persönliche Beziehung zu Gleichgesinnten, ist ein Konzept, nach dem Spinoza sich zumindest selbst verhalten hat. Unter anderem die Briefe Nummer 2 an Heinrich Oldenburg und 19 an Willem van Blyenbergh machen deutlich, dass er Freundschaft demjenigen antrug, von dem er glaubte, dass dieser selbst auch nach Erkenntnis strebte. Auch wenn er etwa van Blyenbergh nur aus einem einzigen Brief kannte, den dieser ihm zuvor geschrieben hatte: Spinoza betrachtete ihn als Genossen, den er nicht persönlich getroffen haben musste, aber von dem er doch annahm, dass dieser dasselbe verfolgte wie er selbst. Der Austausch über Themen, Ansichten, Zweifel und Argumente, die Diskussion über Ideen, Gedanken und Fragen hat in Spinozas Werk keinen systematischen Ort, wohl aber in seinen Handlungen als Autor seiner philosophischen Werke wie der zahlreichen darauf rekurrierenden Briefe. Was er auch theoretisch hervorhob, ist das Konzept der Freundschaft als „rationales Prinzip" (Eth. IV, prop. 37, schol. 1): der interpersonelle Austausch der nach der Scientia intuitiva gewonnenen Erkenntnis.

Doch das Wissen darum, was eigentlich genau dasjenige ist, das andere verfolgen, ist es wiederum, das Spinoza fehlte; schließlich schätzte er offensichtlich gerade Oldenburg falsch ein und hielt ihn für kritischer, als der Theologe, der die Bibel mitsamt der Auferstehung Christi letztendlich „wörtlich" und nicht „allegorisch" verstehen wollte, tatsächlich war (vgl. Brief 77). Hier zeigt sich ein Mangel der Erkenntnistheorie Spinozas: Über den Erkenntniswillen und -stand der anderen informieren Ausdrucksweisen, von denen sich erst im Nachhinein herausstellt, ob sie der Ratio oder aber der Imaginatio zugehören, und in bestimmten Bereichen Erkenntnis nach der Scientia intuitiva zu haben, schließt nicht aus, in anderen Bereichen der Imaginatio verhaftet zu bleiben.

Letztendlich hat Spinozas Ontologie ergeben, was er auch in der Einleitung zum TP wiederholt: Menschen sind notwendigerweise Affekten unterworfen, daher ist es höchst unwahrscheinlich, dass eine große Menge von Menschen eine vernünftige Gesellschaft anstrebt (vgl. TP I, § 5). Röd zieht deswegen den Schluss:

> Die vollkommene Überwindung des Gegensatzes von metaphysischem Anspruch und Erfahrung konnte nicht gelingen, so dass der Dualismus von metaphysischer Freiheit und rechtlicher Zwangsordnung, von Vernunftgemeinschaft und Staat letzten Endes unbewältigt bleiben musste. (1969, S. 57)

Wenn man Spinozas Erkenntnistheorie und insbesondere TIE 14 aber nicht als wirklichkeitsfremden „metaphysischen Anspruch", welcher der Erfahrung entgegensteht, sondern als zentralen Schnittpunkt von Erkenntnis und Gesellschaft sowie von Individualität und Kollektivität versteht, so bildet sich eine über den staatlichen Zusammenhang hinausgehende Gesellschaft immer dort, wo Menschen Erkenntnis im Sinne Spinozas anstreben und in diesem Streben überindividuell vereint sind. *Amicitia*, Freundschaft im Sinne Spinozas, besteht dementsprechend in der Bildung einer *societas*, einer vernünftigen Gesellschaft – wenn auch nicht unter Einbeziehung aller. Weitere Handlungen als die Erkenntnis befördernde gibt Spinoza als Charakteristikum einer derartigen Gesellschaft nicht an, auch die materielle Grundlage einer solchen Gesellschaft wird von ihm nicht thematisiert.

Nach Spinoza gehört das Streben, Erkenntnis zu erlangen, sowie dasjenige, die Erkenntnis anderer zu befördern, zur Essenz der Einzelnen; es ist daher nichts dem Menschen Äußerliches. Gleichzeitig wird der Mensch aber auch immer Affekten ausgesetzt sein, sodass sich diese wirkliche Bestimmung des Menschen (*existentia actu*) genauso wenig überwinden lässt wie seine essenzielle. Auch als nach der Scientia intuitiva denkendes Wesen wird der Mensch sich niemals in Gänze abkoppeln von seiner affektiven Seite, die auch für die Erkenntnis eine grundlegende Bedeutung behält: Man könne „nahezu nichts verstehen [...], von dem nicht das Vorstellungsvermögen sich unmittelbar auch ein Bild macht", schreibt Spinoza in einem Brief (Brief 17, S. 72). In dem Argumentationszusammenhang dieses Briefs kommt es Spinoza darauf an zu zeigen, dass die Imaginatio auf die gleichen Gegenstände wie die anderen beiden Erkenntnisarten zielt und daher auch Dinge betrifft, die mit ihr eigentlich gar nicht zu fassen sind; gleichzeitig lässt sich daraus aber auch ersehen, dass die nach den anderen beiden Erkenntnisarten Erkennenden nicht irgendwann aufhören, gemäß der Imaginatio Dinge vorzustellen, sondern sich das Vorstellungsvermögen auch immer Bilder macht, die dann gegebenenfalls durch den Verstand wiederum aufgelöst werden können.

Damit ist die Imaginatio gleichfalls konstitutiv für den Menschen; der Prozess der Verbesserung des Verstandes wird so zu einem anhaltenden, der nicht irgendwann vollzogen oder abgeschlossen ist. In gleichem Maße muss auch die Entwicklung hin zu einer vernünftigen Gesellschaft verstanden werden: als ständiger Versuch, über inadäquate Gesellschaftsformen hinauszugelangen. In dieser Interpretation folge ich Balibar, für den Spinozas politische Theorie explizit einen Prozess darstellt: „Instead of a *theory of democracy* what we have is a theory of *democratisation*, which is valid for *every* regime“ (1998, S. 121). Balibar versteht die Philosophie Spinozas hin zu einer Verantwortung der Einzelnen daher als auf seine Weise revolutionär, indem dieser „öffentlich das Risiko der Intelligenz eingeht“:

> Le parti pris du philosophe – son *ethique* – n'est pas de préparer ou d'annoncer la révolution, mais de courir publiquement le risque de l'intelligence. Il est vrai que bien de révolutions n'en sont pas encore là. (1985, S. 118)

Spinozas Konzept einer vernünftigen Gesellschaft kann meines Erachtens als regulative Idee dienen, unter deren Gesichtspunkt bestehende Staaten betrachtet werden müssen. Sie macht die spezifischen Differenzen zwischen bestehendem Staat und vernünftiger Gesellschaft deutlich. Dabei muss sich der Staat an dem, was er nicht ist, messen und verbessern lassen. Der Staat kann nicht als ontologisches „Ding“ mit eigener Essenz gelten, sondern nur als kontinuierlich wiederholte Handlung von Menschen, die daher auch unterlassen oder anders unternommen werden kann. Mit Erkenntnis einhergehen muss deswegen eine Handlungsfreiheit, welche die Veränderung des Staates zum Ziel hat. Nur wenn das Bestehende nicht statisch gesetzt wird, ist es möglich, die ihm innewohnenden Konsequenzen wie etwa die Einschränkung bestimmter persönlicher Handlungsfreiheit, Gewalttätigkeit oder kriegerische Mittel zu kritisieren und zu verändern.

Um solche Veränderungen, die auch im Staat unhintergehbare Bereiche betreffen können – wie etwa den der Einschränkung der eigenen Handlungsfreiheit bei Handlungen, die aus der Vernunft resultieren, aber dem Staat zuwider wären –, überhaupt zu ermöglichen, muss dabei das Staatskonzept als solches zur Disposition stehen.

6.
Resümee und Ausblick

Ausgehend von dem in TIE 14 hergestellten Zusammenhang von Erkenntnis und Gesellschaft stellte ich die Frage, wie sich dieser Zusammenhang nach Spinoza genauer fassen lässt: Welchen Einfluss hat die Gesellschaft auf die Erkenntnis der Einzelnen, und inwieweit hat das individuelle Erkennen wiederum Auswirkungen auf den sozialen Zusammenhang? Um diese Fragen untersuchen zu können, verortete ich zunächst den Menschen als eingebunden in das von Spinoza entwickelte ontologische Prinzip der einen Substanz: als von Gott doppelt verursachtes Wesen, dessen Essenz aus Gott als direktem Urheber und dessen Existenz aus der von Gott in ihrer Gesamtheit geschaffenen Natura naturata folgt, die Einzeldinge in einer Verkettung vieler anderer Einzeldinge hervorbringt. Die Essenz des Menschen ist Spinoza zufolge durch die Verbindung mit der sie hervorbringenden Macht Gottes selbst Potentia. Gleichzeitig ist der Mensch in seiner wirklichen Existenz (*existentia actu*) affektiv mit seiner Umgebung, insbesondere mit anderen Menschen, verbunden. Die Macht (*potentia*) des Menschen äußert sich in dieser wirklichen Existenz einerseits als Streben nach Erkenntnis, andererseits als Streben des Menschen, in seinem Sein zu verharren. Im zweiten Fall nennt Spinoza das Streben „Conatus".

Spinozas Erkenntnistheorie basiert auf der ontologischen Bestimmung des Menschen, die ihn als Geist und Körper innerhalb der beiden göttlichen Attribute Denken und Ausdehnung existierend versteht. Da das Verhältnis dieser beiden durch den ihnen gemeinsamen Ausdruck der einen

Substanz als parallel zu bestimmen sei, untersuchte ich die Erkenntnistheorie ausgehend von dieser Grundlage. Adäquate Erkenntnis soll demnach möglich, aber nicht notwendig sein, weil der Mensch in seinem wirklichen Sein Affekten unterworfen ist. Die Erkenntnisform der Imaginatio bewegt sich Spinoza zufolge vollständig auf affektiver Basis. In ihr drücken sich die Ideen der den Körper affizierenden äußeren Dinge aus, die, ohne dass der Geist diese Ideen selbst aktiv hervorbringt, auf zufälligen Kriterien wie dem der zeitlichen Abfolge oder dem der vorhergehenden affektiven Konstitution des Menschen beruhen. Der Geist leidet, während er diese Ideen hat, von denen er nicht vollständige Ursache ist. Die äußeren Ursachen seiner Ideen kann der Mensch dieser Erkenntnistheorie zufolge von den sie verursachenden Affekten abtrennen und so die Affekte selbst erkennen. Aus dieser Verbesserung des Verstandes resultieren die beiden höher anzusiedelnden Erkenntnisformen der Ratio und der Scientia intuitiva. Mit beiden Erkenntnisformen werden Spinoza zufolge Dinge adäquat erkannt; sie unterscheiden sich allerdings ihrem Gegenstand nach: Während die Ratio allgemeine Strukturen, das heißt die unendlichen Modi innerhalb der Attribute Ausdehnung und Denken erkennt, bezieht die Scientia intuitiva sich auf Einzeldinge, die sie erkennt, weil sie in erster Linie Gotteserkenntnis ist. Im Erkennen Gottes als Ursache des Weltganzen, innerhalb dessen der erkennende Mensch sich wiederum in seinem Erkennen bewegt, erkennt er sich selbst und ist so in der Lage, vernünftig, das heißt, aktiv zu handeln. Als adäquat Erkennender empfindet der Mensch demnach einen stabilen Affekt der Freude, der sich mit anhaltendem adäquaten Erkennen zur Glückseligkeit steigern lässt. Der Verstand ist demzufolge verbesserbar: Der Weg von inadäquater zu adäquater Erkenntnis ist gleichzeitig der von Spinoza aufgezeigte Weg zu menschlich möglichem Glück. Ausgehend von der – auch der inadäquaten Erkenntnis der Imaginatio innewohnenden – positiven Bestimmung der aus jeder Erkenntnis resultierenden Ideen lässt sich

Spinoza zufolge die adäquate Idee Gottes erlangen. An dieser adäquaten Idee Gottes kann der Mensch seine falschen Ideen messen und durch wahre Ideen ersetzen.

Spinozas Gesellschaftstheorie geht einerseits vom Menschen als einem so bestimmten erkennenden Wesen aus, das die Gemeinschaft mit anderen erkennenden Menschen anstrebt, mit denen in Gotteserkenntnis Einigkeit besteht. Dieses Vereinen in Gottes- und daraus resultierender Welterkenntnis ist es, das Spinoza als Glück versteht. Andererseits stellt er in seiner Staatstheorie die Sicherheit heraus, um derentwillen sich Menschen zu einem Staat zusammenschließen: Um willkürlicher Gewalt oder Naturkatastrophen nicht schutzlos ausgesetzt zu sein, bilden sie per Vertrag ein überindividuelles Konstrukt, das ihr Überleben sichern soll. Zu diesem Zweck vereinen sie ihre jeweilige Potentia in einem Staatsvertrag, die sich dadurch zur Potestas, Regierungsgewalt, wandelt. Die Potestas schränkt einige Formen des Conatus ein; sie richtet sich gegen die Auslebung bestimmter Affekte unter Androhung einer Strafe, die den Affekt, die Handlung zu unterlassen, in den Einzelnen stärker werden lässt als den, sie zu unternehmen. Im Einschränken von Affekten, die das Zusammenleben einschränken würden, kann das Agieren des Staates in gewisser Hinsicht als rationaler Umgang mit affektiven Handlungen begriffen werden. Der Staat bleibt in diesem Umgang mit den Einzelnen letztendlich selbst an die Ebene der Imaginatio gebunden. Spinoza hebt hervor, dass der Staat im Einschreiten gegen bestimmte affektive Handlungen nicht die Potentia der Einzelnen einschränken darf, das Ausleben persönlicher Freiheit gehört hingegen zu dem vom Staat zu garantierenden Überleben. Das eigentliche Ziel des Staates, für das seine Stabilität und die durch ihn garantierte Sicherheit seiner Bürger:innen nur das Mittel darstellt, ist jedoch die Möglichkeit für die Einzelnen darin, zur Erkenntnis zu gelangen. Gleichzeitig verselbstständigt sich damit auch der Aspekt seiner anzustrebenden Stabilität. So ist es Spinoza zufolge im Staat auch den

Erkennenden verboten, gegen den Staat zu handeln. Letztendlich bleiben daher im Staat alle – auch die Erkennenden – unfrei, was sich auch aus der Verankerung der politischen Theorie im vierten Teil der *Ethik* ergibt, der mit „Über die menschliche Knechtschaft oder die Macht der Affekte" überschrieben ist. Der Vertragstheorie Spinozas zufolge kann der Staat jedoch die Potentia der Einzelnen gar nicht einschränken, weil seine Gewalt (Potestas) aus der Potentia der Bürger:innen besteht. Wenn die Potentia doch eingeschränkt wird, heißt das, dass der Staat *in animos est*, sich auf das Denken der Einzelnen ausdehnt. In diesem Moment hört nach Spinozas Theorie der Staat als vertraglich gesichertes Gebilde auf zu existieren. Dann ist er eine Gewaltherrschaft, die binnen relativ kurzer Zeit abgeschafft werden wird, weil sich die Potentia der Einzelnen gegen ihn erheben wird. Inwieweit Spinoza die Abschaffung einer Gewaltherrschaft befürwortet, bleibt ungeklärt, da er einerseits die Stabilität des Gemeinwesens an vorderste Stelle setzt, andererseits postuliert, die Möglichkeit, Erkenntnis zu erlangen, müsse gegeben sein. Die Möglichkeit der Abschaffung bestehender Staaten muss meines Erachtens auch Spinoza zufolge angenommen werden, weil er im TTP vehement die Einhaltung einer Trennung von Religion und Staat fordert, die offensichtlich in dem Staat, gegen den er diesen Text verfasste, nicht gegeben war. Da Spinoza in diesem Punkt für eine Veränderung plädierte, muss auch die Möglichkeit anderer Veränderungen angenommen werden. Vor diesem Hintergrund des Verständnisses der Staatstheorie fasste ich die von Spinoza angedeutete Theorie einer vernünftigen Gesellschaft als Möglichkeit einer prozesshaften Veränderung hin zur Abschaffung des Staates und zu einer Gesellschaft vernünftiger Menschen.

Im expliziten Aufeinanderbeziehen der Erkenntnis- und der Gesellschaftstheorie Spinozas untersuchte ich zunächst, welchen Einfluss die Gesellschaft auf die Erkenntnis der Einzelnen hat. Hier stellt sich die Möglichkeit, zu Erkenntnis zu gelangen, in hohem Maße von dem Verbund abhängig dar, der die Einzelnen umgibt. Das persönliche Umfeld sowie die Gesellschaft selbst nehmen für die Herausbildung der spezifischen Weise, in der mittels der Imaginatio Vorstellungen verknüpft werden, eine vorherrschende Rolle ein. Auch auf die Verbesserung der Erkenntnis und ihre höheren Ausdrucksformen nimmt die Gesellschaft Einfluss, und zwar Spinoza zufolge durch die Ausprägung der Einzelwissenschaften und die Äußerungsformen ihrer Gesetze. Sie bestimmt, inwieweit sich die Einzelnen überhaupt der Erkenntnis widmen können, und ob diese Tätigkeit der Gesellschaft entgegenarbeitet oder von ihr gewollt ist.

Erkenntnis im Sinne Spinozas ist nicht als eine von allen anderen Personen abgetrennte Tätigkeit zu verstehen. Die einzelnen Erkennenden haben ein genuines Interesse daran, dass andere Menschen mit ihnen zu Erkenntnis gelangen, weil sich im gemeinsamen Erkennen Gottes ihre Potentia agendi vermehrt. Ein Streben auch der anderen nach Erkenntnis ist schon allein deshalb hilfreich, weil die Erkennenden von anderen vernünftig denkenden Menschen umgeben sind, wodurch sie sich weniger Affekten anderer ausgesetzt sehen, die sie beeinträchtigen. Den Zusammenschluss mehrerer Erkennender nennt Spinoza Freundschaft (*amicitia*).

Wie ist nun eine vernünftige Gesellschaft gemäß Spinoza zu denken? Durch die Zusammennahme der Gesellschafts- mit der Erkenntnistheorie wird deutlich, dass der Staat einerseits die Erkenntnis der Einzelnen fördern könnte, sie andererseits durch das Zwangssystem seiner Gesetze und die Zielsetzung seiner eigenen Stabilität jedoch stark eingrenzt und ihr sogar im Wege steht. Letztendlich kann der Staat die von Spinoza geforderten Kriterien einer Gesellschaft, in der möglichst viele zur Vernunft gelangen, nicht erfüllen. Stattdessen lässt sich der Staat im Sinne von Spinozas Erkenntnistheorie als „inadäquate Idee“ verstehen, deren Mangel an Vollkommenheit es aufzudecken und die es zu verbessern gilt.

Die Bildung einer Gesellschaft vernünftiger Menschen (*societas*) ist vor dem Hintergrund, dass das Erlangen von Erkenntnis für Spinoza Glück bedeutet und im Staat nur unter Schwierigkeiten erreicht werden kann, ein wünschenswertes Konzept. Eine solche Gesellschaft als utopische Idee aufzufassen, die in der Realität nicht zu erreichen wäre, würde den tatsächlich politischen Gehalt von Spinozas Theorie verkennen. Vielmehr kann eine solche Gesellschaft als regulative Idee für bestehende Staaten verstanden werden. Bestehende Staaten sollten das Ziel verfolgen, sich ihr anzunähern. Die vernünftige Gesellschaft im Sinne Spinozas ist, das hat er in seinem späteren Werk, dem TP, erkannt, kein Konzept, das sich gegen den Willen einer Menge Menschen, die keine adäquate Erkenntnis anstreben, durchsetzen ließe. Doch es wäre meiner Meinung nach falsch, bestehende Staaten mit Spinozas Philosophie affirmieren zu wollen. Ich möchte den interventionellen Gehalt dieser Theorie, der sie auch aktuell interessant macht, hervorheben. Die Philosophie Spinozas sollte als ein Plädoyer für die Veränderung bestehender Staaten verstanden werden, als analytischer Aufruf dazu, dass vernünftige Menschen sich mit anderen vernünftigen Menschen assoziieren und gemeinsam darauf einwirken, den sozialen Zusammenhang, in dem sie leben, zu verändern. Denn die Erkenntnis, die in einem Staat den Einzelnen möglich ist, drückt sich auch durch die Verfasstheit der Gesellschaft insgesamt aus.

Der Zusammenhang von Erkenntnis- und Gesellschaftstheorie findet sich demnach auf mehreren Ebenen. Die den Menschen immer schon unweigerlich umgebenden anderen Menschen tragen zur Bildung seiner ersten Erkenntnisform, der Imaginatio, bei. Der Staat wirkt auf Ebene der Imaginatio auf die Einzelnen ein und hemmt den ihr zuzuordnenden negativen affektiven Einfluss auf andere durch das Hervorrufen stärkerer Affekte. Auf diese Weise sorgt er im besten Fall für ein vernunftgemäßes Handeln der Einzelnen; ein Handeln gemäß der Ratio in ihrer ersten, inadäquaten Version.

Gleichzeitig kann der Staat die Erkenntnis der Einzelnen befördern, indem er die Wissenschaft so lenkt, dass sie auf Erkenntnisgewinnung angelegt ist. Dies tun bestehende Staaten Spinoza zufolge normalerweise nicht, weil ihr Ziel nicht in der Möglichkeit der größtmöglichen Erkenntnis der Einzelnen besteht, sondern darin, ihre eigene Stabilität zu gewährleisten.

Der nach Erkenntnis strebende Mensch kann Spinoza zufolge aufgrund der ihm durch Gottes Verursachung zukommenden Potentia trotzdem zu Erkenntnis gelangen. Dabei ist ein staatlicher Zusammenhang durch dessen relative Vernünftigkeit einem nichtstaatlichen Zustand, in dem alle Affekte ausgelebt werden können, vorzuziehen.

Adäquate Erkenntnis im Sinne Spinozas setzt ein mit der Idee Gottes. Diese gehört ihm zufolge bereits der Scientia intuitiva an. Der Mensch, der intuitiv erkennt, strebt Spinoza zufolge danach, sich mit anderen solchen Erkennenden zusammenzutun, deren intendierte Verbindung zu einer Gesellschaft (*societas*) der zweiten, adäquaten Version der Ratio angehört. Wenn über den Staat auch nicht gänzlich hinauszugehen ist, weil nicht alle Menschen Erkenntnis anstreben, so können die Erkennenden sich im Bestehenden zumindest gemäß dem Prinzip der Freundschaft (*amicitia*) zusammenschließen, das sie im gemeinsamen Erkennen Gottes und ihrer selbst genießen. Den Staat erkennen sie in seiner Inadäquatheit. Dieser muss sich an der regulativen Idee einer vernünftigen Gesellschaft messen lassen, die kein Zwangssystem mehr darstellen würde.

Die Verknüpfung von Erkenntnis und Gesellschaft selbst ist wiederum angebunden an Spinozas Suche nach menschlichem Glück. Bartuschat schlägt vor, den Abschnitt TIE 14, der den Ausgangspunkt dieser Untersuchung bildete, in der Weise zu interpretieren, dass die dort vorgestellten Strategien samt der zu bildenden Gesellschaft beide nur Mittel zur Erreichung des höchsten Guts darstellen (vgl. TIE, Anm. des Herausgebers 15,12; S. 102f.).

Erkenntnis und eine Überwindung der Staatsform wären also als Mittel zum Erreichen von wahrem menschlichen Glück zu denken – auch wenn Spinoza konkrete Handlungen zur Abschaffung von Staaten ablehnte, hatte er doch die Möglichkeit einer Vergesellschaftung jenseits des Nationalstaats vor Augen. Knappe zwei Jahrhunderte später schrieb der junge Marx an den Schriftsteller Arnold Ruge: „Sie werden nicht sagen, ich hielte die Gegenwart zu hoch, und wenn ich dennoch nicht an ihr verzweifle, so ist es nur ihre eigene verzweifelte Lage, die mich mit Hoffnung erfüllt" (1981, S. 342). Auch wenn für Spinoza aus etwas Inadäquatem nichts Positives entstehen kann, da das Inadäquate in einem Mangel, einer Einschränkung des Conatus, besteht, kann ihm zufolge etwas Adäquates aus etwas Inadäquaten folgen: Zu erkennen, dass bestimmte Ideen inadäquat sind, ist ein Schritt auf dem Weg hin zu adäquater Erkenntnis und zu einer vernünftigen Gesellschaft. Das aktive Handeln, die Assoziation zum Erlangen von Erkenntnis, wäre für Spinoza das Gemeinsame, von dem sich in einer ansonsten durch affektives Leiden geprägten Lage als Möglichkeit der Übereinstimmung ausgehen ließe.

In einer Situation eigener Bedrängnis durch die umgebende Gesellschaft drückte Spinoza in seiner Philosophie eine unerschütterliche Zuversicht aus, dass die Erkenntnis der Einzelnen verbunden wäre mit einer durch die Liebe zur adäquaten Erkenntnis geprägten Verbindung zu anderen Menschen. Aus einer solchen Assoziation würde seiner Überzeugung nach eine progressive Veränderung der gesellschaftlichen Verfasstheit hervorgehen. Doch eine Entwicklung hin zu einer vernünftigen Gesellschaft ist bis heute ausstehend. Grund genug, sich dem von Spinoza vorgelegten Programm einer Verbesserung des Verstandes zu widmen?

7.

Bibliographie

Werke von Spinoza

Spinoza, Baruch de: Werke in deutscher Übersetzung (Philosophische Bibl.), Hamburg 1976–1999:

– Bd. 1: *Kurze Abhandlung von Gott, dem Menschen und dessen Glück* (KV). Auf der Grundlage der Übers. von Carl Gebhardt neu bearb., eingeleitet und hrsg. von Wolfgang Bartuschat, 1991.
– Bd. 2: *Ethik. In geometrischer Ordnung dargestellt.* Lat.-dt. Hrsg. von Wolfgang Bartuschat, 1999.
– Bd. 3: *Theologisch-Politischer Traktat* (*Tractatus Theologico-Politicus;* TTP). Hrsg. von Günter Gawlick, 1976.
– Bd. 5.1: *Abhandlung über die Verbesserung des Verstandes* (*Tractatus Intellectus Emendatione;* TIE). Lat.-dt. Hrsg. von Wolfgang Bartuschat, Hamburg 1993.
– Bd. 5.2: *Politischer Traktat* (*Tractatus Politicus;* TP); lat.-dt. Neu übers., hrsg., mit Einl. und Anm. vers. von Wolfgang Bartuschat, 1994.
– Bd. 6: *Briefwechsel.* Hrsg. von Manfred Walther, 1977.
– Bd. 7: *Lebensbeschreibungen und Dokumente.* Übers. der *Lebensbeschreibungen* von Carl Gebhardt. Verb. Neuausg., mit Erl. hrsg. von Manfred Walther, 1998.

Spinoza: *Opera I* (Op. I, *Tractatus Theologico-Politicus*). Lat. u. dt. Hrsg. von Günter Gawlick und Friedrich Niewöhner. Darmstadt 1979.

Werke anderer Autor:innen

Adorno, Theodor W. (1994): *Minima Moralia – Reflexionen aus dem beschädigten Leben.* Frankfurt.

Aristoteles (1978a): *Physik.* Griech. u. dt. hrsg. v. Karl Prantl, Werke Bd. 1, Aalen.

Aristoteles (1978b): *Politik.* Griech. u. dt. Hrsg. v. Franz Susemihl. Werke Bd. 6. Aalen.

Balibar, Etienne (1985): *Spinoza et la Politique.* Paris.

Balibar, Etienne (1993): „Le politique, la politique. De Rousseau à Marx, de Marx à Spinoza". *Studia Spinozana IX.* Hrsg. v. Etienne Balibar, Helmut Seidel und Manfred Walther. Würzburg. S. 203–215.

Balibar, Etienne (1998): *Spinoza and Politics.* Übers. v. Peter Snowdon. London und New York.

Bartuschat, Wolfgang (1977): „Selbstsein und Absolutes". *Neue Hefte für Philosophie* 12. S. 21–63.

Bartuschat, Wolfgang (1992): *Spinozas Theorie des Menschen.* Hamburg.

Bartuschat, Wolfgang (1993): „Theorie und Praxis in Spinozas Ethik und Politik". *Studia Spinozana IX.* Hrsg. v. Etienne Balibar, Helmut Seidel und Manfred Walther. Würzburg. S. 59–78.

Bartuschat, Wolfgang (1996): *Individuum und Gemeinschaft bei Spinoza.* Delft.

Bennett, Jonathan (1984): *A Study of Spinoza's Ethics.* Indianapolis.

Biasutti, Franco (1986): „Truth and Certainty in Spinoza's Epistemology". *Studia Spinozana II. Spinoza's Epistemology.* Hrsg. v. Edwin Curley et al. Würzburg. S. 109–127.

Boss, Gilbert (1982): *La différence des philosophie: Hume et Spinoza.* Zürich.

Boss, Gilbert (1986): „Méthode et doctrine dans le ‚Traité de la Réforme de l'Entendement'". *Studia Spinozana II. Spinoza's Epistemology.* Hrsg. v. Edwin Curley et al. Würzburg. S. 93–108.

Broad, Charlie Dunbar (1930): *Five Types of Ethical Theory.* London.

Carp, Johan Herman (1923): „Der Gemeinschaftsgedanke im Spinozismus". *Chronicon Spinozanum III.* Den Haag, S. 196–203.

Curley, Edwin (1969): *Spinoza's Metaphysics: An Essay in Interpretation.* Cambridge/Mass.

Curley, Edwin (1986): „Spinoza's Geometric Method". *Studia Spinozana II. Spinoza's Epistemology.* Hrsg. v. Edwin Curley et al. Würzburg. S. 151–169.

Curley, Edwin (1988): *Behind the Geometrical Method. A Reading of Spinoza's „Ethics".* Princeton.

Deleuze, Gilles (1993): *Spinoza und das Problem des Ausdrucks in der Philosophie.* Übers. von Ulrich Johannes Schneider. München (franz. Orig.: *Spinoza et le problème de l'expression.* Paris 1968).

Den Uyl, Douglas J. (1983): *Power, State and Freedom. An Interpretation of Spinoza's Political Philosophy.* Assen.

Descartes, René (1992): *Die Prinzipien der Philosophie.* Übers. u. erl. v. Artur Buchenau. Hamburg.

Descartes, René (1993): *Meditationen über die Grundlagen der Philosophie.* Hrsg. v. Lüder Gäbe, Hamburg.

Freud, Sigmund (1940): *Das Unbehagen in der Kultur.* Werke, Bd. 14. Hrsg. v. Anna Freud. London.

Gatens, Moira (1992): „Power, Bodies and Difference". *Destabilizing Theory, Contemporary Feminist Debates.* Hrsg. v. Michèle Barrett und Anne Phillips. Cambridge.

Gatens, Moira und Lloyd, Genevieve (1999): *Collective imaginings. Spinoza, Past and Present.* London.

Guéroult, Martial (1974): *Spinoza. Bd. II: L'Âme.* Hildesheim.

Harris, Errol E. (1986): „Method and Metaphysics in Spinoza". *Studia Spinozana II. Spinoza's Epistemology.* Hrsg. v. Edwin Curley et al. Würzburg. S. 129–150.

Hobbes, Thomas (1996a): *Leviathan or the Matter, Forme, & Power of a Common-Wealth.* hrsg. v. Richard Tuck,

Cambridge. Dt. Übersetzung: Hobbes, Thomas (1996b), *Leviathan.* Aus dem Engl. übertr. von Jutta Schlösser. Mit einer Einf. und hrsg. v. Hermann Klenner. Hamburg.

Hubbeling, Hubertus G. (1978): *Spinoza.* Freiburg.

Hubbeling, Hubertus G. (1986): „The third Way of Knowledge (Intuition) in Spinoza". *Studia Spinozana II. Spinoza's Epistemology.* Hrsg. v. Edwin Curley et al. Würzburg. S. 219–231.

Jaspers, Karl (1978): *Spinoza.* München.

Kant, Immanuel (1992): *Zum ewigen Frieden. Ein philosophischer Entwurf.* Hrsg. v. Heiner F. Klemme. Hamburg.

Kashap, S. Paul (1978): „Spinoza's Use of ‚Idea'". *Spinoza. New Perspectives.* Hrsg. v. Robert W. Shahan und J.I. Biro. Oklahoma. S. 57–70.

Klever, Wim (1993): „A new document on De Witt's attitude towards Spinoza". *Studia Spinozana IX.* Hrsg. v. Etienne Balibar, Helmut Seidel und Manfred Walther. Würzburg. S. 379–388.

Lacan, Jaques (1986): „Das Spiegelstadium als Bildner der Ichfunktion". *Schriften.* Übers. v. Rodolphe Gasché. Weinheim.

Leibniz, Gottfried Wilhelm (1956): *Vernunftprinzipien der Natur und der Gnade.* Übers. v. Artur Buchenau. Hrsg. v. Herbert Herring. Hamburg

Lloyd, Genevieve (1994): *Part of Nature. Self-Knowledge in Spinoza's „Ethics".* Ithaca und London.

Locke, John (1977): *Zwei Abhandlungen über die Regierung.* Frankfurt/M.

Lombard, Jérôme (2021): Persona non grata. https://www.juedische-allgemeine.de/juedische-welt/persona-non-grata-2/ (access date 02.04.2024).

Macherey, Pierre (1994): *Introduction à l'Ethique de Spinoza, Bd. I: La nature des choses.* Paris.

Macherey, Pierre (1997): *Introduction à l'Ethique de Spinoza, Bd. II: La réalité mentale.* Paris.

Machiavelli, Niccolo (1954): *Gedanken über Politik und Staatsführung.* Stuttgart.

Marx, Karl (1962): *Das Kapital. Erster Band.* MEW 23. Berlin.

Marx, Karl (1978) *Thesen über Feuerbach,* Marx/Engels: *Die deutsche Ideologie.* MEW 3. Berlin.

Marx, Karl (1981): M. an R., Mai 1843. *Briefe aus den „Deutsch-Französischen Jahrbüchern".* MEW 1. Berlin.

Matheron, Alexandre (1969): *Individu et Communauté chez Spinoza.* Paris.

Matheron, Alexandre (2000): „Ethik und Politik bei Spinoza: Bemerkungen zur Funktion von E 4LS37A2". *Zur Aktualität der Ethik Spinozas.* Hrsg. v. Klaus Hammacher, Irmela Reimer-Tovote und Manfred Walther. Würzburg. S. 317–327.

McShea, Robert J. (1968): *The political Philosophy of Spinoza.* London und New York.

Menzel, Adolf (1929): „Beiträge zur Geschichte der Staatslehre". *Sitzungsbericht der Akademie der Wissenschaft in Wien, Bd. 210, Abh. 1, III. Abt.: Die Staatslehre Spinozas.* Kap. XIV. Zitiert nach Röd (1969).

Moreau, Pierre-François (1978): *Marx und Spinoza. Versuch einer materialistischen Lektüre.* Übers. v. Rolf Löper. Hamburg.

Mouch, Philip (2003): The Text of Spinoza's Excommunication. https://web.mnstate.edu/mouch/spinoza/excomm.html (access date 04.04.2024).

Mulisch, Harry (1993): *Die Entdeckung des Himmels.* Übers. v. Martina den Hertog-Vogt. München.

Nancy, Jean-Luc (2000): Vortrag im Hamburger Literaturhaus, priv. Mitschnitt.

Negri, Antonio (1982): *Die wilde Anomalie.* Übers. v. Werner Raith. Berlin.

Remus, Daniela (1992): *Zur systematischen Bedeutung des Freiheitsbegriffs in der Philosophie Spinozas.* Diss. (Maschinenskr.). Hamburg.

Röd, Wolfgang (1969): „Spinozas Lehre von der Societas". *Studi e Ricerche di Storia della Filosofia* 97. Turin. S. 5–61.

Solari, Gioele (1949): „La dottrina del contratto sociale in Spinoza". *Studi storici di filosofia del diritto.* Turin. S. 137–152.

Tenorio, Rich (2023): A film on Spinoza that got its crew banned by an Amsterdam rabbi is making waves. https://www.timesofisrael.com/a-film-on-spinoza-that-got-its-crew-banned-by-an-amsterdam-rabbi-is-making-waves/ (access date 02.04.2024).

Tönnies, Ferdinand (1965): *Gemeinschaft und Gesellschaft. Grundbegriffe der reinen Soziologie.* Darmstadt.

Walther, Manfred (1971): *Metaphysik als Anti-Theologie. Die Philosophie Spinozas im Zusammenhang der religionsphilosophischen Problematik.* Diss., Hamburg.

Wolfson, Harry Austryn (1934): *The Philosophy of Spinoza. Unfolding the latent Processes of His Reasoning.* Bd. 1. Cambridge.

Yovel, Yirmiyahu (1994), „The second kind of Knowledge and the Removal of Error". *Spinoza on Knowledge and the Human Mind.* Hrsg. v. Yirmiyahu Yovel. Leiden.

Yovel, Yirmiyahu (1996): *Spinoza. Das Abenteuer der Immanenz.* Übers. v. Brigitte Flickinger. Göttingen.